굿
위스키
타임

만화로 보는 위스키의 기초

신타니 시게코 저 / 김진아 역

YoungJin.com Y.
영진닷컴

만화로 보는 위스키의 기초
굿 위스키 타임

『グッド·ウイスキー·タイム』(新谷茂子)
GOOD WHISKY TIME
Copyright © 2022 by Shigeko Shintani
All rights reserved.
Original Japanese edition published by Oizumi Shoten Co.,Ltd., Tokyo, Japan
Korean edition published by arrangement with Oizumi Shoten Co.,Ltd. through Japan Creative
Agency Inc., Tokyo and Lee&Lee Foreign Rights Agency, Korea
이 책의 한국어판 저작권은 리앤리 에이전시를 통해 오이즈미 쇼텐사와 독점 계약한 영진닷컴이 소유합니다.
저작권법에 의하여 한국 내에서 보호를 받는 저작물이므로 무단 전재 및 복제를 금합니다.

ISBN 978-89-314-7261-5

독자님의 의견을 받습니다.
이 책을 구입한 독자님은 영진닷컴의 가장 중요한 비평가이자 조언가입니다. 저희 책의 장점과 문제점이 무엇
인지, 어떤 책이 출판되기를 바라는지, 책을 더욱 알차게 꾸밀 수 있는 아이디어가 있으면 팩스나 이메일, 또는
우편으로 연락주시기 바랍니다. 의견을 주실 때에는 책 제목 및 독자님의 성함과 연락처(전화번호나 이메일)를
꼭 남겨 주시기 바랍니다. 독자님의 의견에 대해 바로 답변을 드리고, 또 독자님의 의견을 다음 책에 충분히
반영하도록 늘 노력하겠습니다.

주　소 : (우)08512 서울특별시 금천구 디지털로9길 32 갑을그레이트밸리 B동 10F
이메일 : support@youngjin.com
※ 파본이나 잘못된 도서는 구입처에서 교환 및 환불해드립니다.

STAFF
저자 신타니 시게코 | **역자** 김진아 | **총괄** 김태경 | **진행** 윤지선 | **디자인·편집** 김소연
영업 박준용, 임용수, 김도현, 이윤철 | **마케팅** 이승희, 김근주, 조민영, 김민지, 김진희, 이현아
제작 황장협 | **인쇄** 제이엠

만화에 나오는 등장인물 소개

리요
우연히 들른 BAR에서 그곳 사장을 만나 위스키에 대해 배워나간다. 먹는 걸 좋아한다.

사장님
전직 연극 배우이자 바텐더 겸 BAR의 사장. 경력을 살려 가게에서 가끔 이벤트를 연다.

카오리
BAR의 단골손님. 위스키를 좋아해서 관련 지식도 풍부하다. 혼자 해외 증류소 견학을 갈 때도 있다.

바텐더들
BAR에서 일하는 남자 바텐더와 여자 신입 바텐더. 사장님의 일을 돕는다.

시작하면서
이 책을 선택해 주셔서 감사합니다. 이 책은 아직 위스키라는 술에 익숙하지 않은 분들을 위해 쓴 책입니다. 저 같은 여성들, 특히 젊은 분들 혹은 처음으로 위스키를 마시는 분들이 쉽게 접할 수 있는 책을 만들고 싶어서 일러스트와 만화를 가득 담았습니다. 또한 추천하고 싶은 위스키의 경우 '이 위스키의 특징은 사람으로 비교하자면 이런 느낌일 것이다'라고 이미지화하여 일러스트로 소개하고 있습니다. 후반부로 가면서 살짝 어려운 이야기도 나오지만, 위스키처럼 느긋하게 시간을 들여 즐겁게 읽어주시면 기쁘겠습니다.

신타니 시게코

CONTENTS

BAR는 어떤 곳일까?

만화에서 리요가 방문하게 된 BAR. 여러분은 BAR에 가본 적이 있나요? 가보지 않은 분 중에서는 '가도 괜찮을 걸까?' '편하게는 못 들어가겠어…'라고 생각하는 사람도 있을지도 모릅니다. 그런데 BAR라고 해도 여러 종류가 있어요.

❶ 휴식 공간 같은 BAR
❷ 어센틱한 분위기의 BAR
❸ 기타 등등(걸즈/쇼/가라오케 BAR 등)

이 책에서는 ❶의 휴식 공간 같은 편안한 BAR와 ❷의 어센틱한(전통적인) 분위기의 BAR에 대해 이야기하고자 합니다.
휴식 공간 같은 BAR는 가게 측도, 손님도 편하게 있을 수 있는 캐주얼한 느낌의 BAR라고 생각하면 됩니다. 콘셉트 BAR, 혹은 도시 어느 한구석에 있을 법한 BAR. 피곤하고 지쳐서 조용한 시간을 보내고 싶을 때 마음을 힐링할 수 있는 아주 좋은 BAR입니다.
❷의 어센틱한 분위기의 BAR는 비교적 격이 있는 곳입니다. 술의 지식과 식견을 가진 바텐더, 혹은 그런 걸 알고자 본격적으로 술을 추구하는 사람들이 많이 모이는 장소지요. 궐련 등을 제공하는 시거 BAR도 이 범주에 포함될 것 같습니다. 어센틱 BAR는 캐주얼 BAR보다 다소 가격이 있는 편이지만, 꼭 한번 가서 술의 맛을 탐구해 보시면 좋겠습니다.
어떤 BAR가 더 좋은지를 따지는 게 아니라, 저는 어떤 때든, 어떤 곳이든 BAR는 원래부터 따듯한 공간임을 강조하고 싶습니다. 만약 가는 걸 망설이는 분이 있다면, 일단 편하게 그곳에 발을 들여 보세요.
저 자신도 BAR에 몸담고 있지만, 그런 제가 '잘 가라, 하이볼!'을 외치는 이유가 있습니다. 전에 제 가게에 스무 살 정도 되는 여자 손님이 오셨을 때, 그녀는 위스키의 본래 맛에 감동해서 "위스키가 이렇게 맛있는 건 줄 몰랐어요!"라며 초롱초롱한 눈으로 말하더군요. 그분은 지금까지 위스키는 하이볼로만 마셨다고 해요.
젊은이들 대부분이 하이볼을 위스키라고 생각하지요. 제 입장에서는 매우 안타까운 일이지만, 위스키의 시작으로는 괜찮다고 봅니다. 다만, 그런 분이야말로 곧 위스키의 본래 향과 맛을 깨닫길 바랍니다. 저는 그러기 위해 BAR에서 일하고 있다고 해도 과언이 아니지요.
이 책은 바로 그런 마음을 담고 있습니다. 마지막까지 다 읽었을 때는 분명 위스키를 마시고 싶어질 거예요. 그럴 때는 BAR에, 혹은 바라건대 제가 일하는 BAR에 오시면 기쁘겠습니다.

위스키를
맛있게 마시려면

으아아…
이거 좀
걱정되는데.

으억~~~!!

되살아나는
과거의 기억

여긴 이자카야 같은
술집이 아니니까
천천히 마셔도 돼.

…근데 리요 씨는
은근 술을 막 퍼마시는
스타일인 모양이네…

오늘은 시간을
천천히 들여가면서
마셔봐.
위스키를 올바르게
마시는 법을
배워보는 거지.

자, 물론
여기 물도

알겠어요!
열심히
배울게요.

자, 아까도 말했듯
위스키는 향기에서 시작되어
향기에서 끝나는 술이야.
테이스팅 전에 향기를 충분히 즐기도록
지금부터 '노우징' 방법을 가르쳐줄게.

위스키는 어떤 술일까?

술의 여러 가지 재료

과일이 원료

와인 , 브랜디 등

포도를 원료로 한 와인이나 브랜디, 사과주인 시드르(cidre) 등이 대표적입니다.

곡물이 원료

위스키 , 맥주 등

주로 두줄보리를 발효하여 만든 맥아, 즉 '몰트'를 원료로 합니다.

쌀이 원료

일본주 , 소주 등

청주와 쌀 소주는 쌀이 주요 원료입니다.

> 위스키가 맥주의 사촌뻘이었구나?

원료는 곡물
보리와 옥수수로

위스키는 무엇일까요? 위스키라고 하면 여러분은 어떤 이미지를 상상하나요? 비싼 양주나 젊은 시절에 하이볼을 잔뜩 마시고 다음 날 숙취로 고생했던 기억 등을 떠올리지 않을까요?

그보다 위스키는 무엇으로 만들어지는 것일까요? 일본주의 재료가 쌀이라는 사실은 유명합니다. 그럼 위스키는요? 모르는 사람이 많을 것 같아요. 여기서 우선 기억해야 할 것은 위스키는 두줄보리로 만들어진다는 점입니다.

보리에는 두줄보리와 여섯줄보리, 두 종류가 있습니다. 일본에서는 주로 두줄보리가 맥주나 위스키의 원료가 되고, 여섯줄보리는 여섯줄보리차 등의 원료가 되지요.

이렇게 맥주와 위스키의 원료는 같지만, 술이 될 때까지의 제조 과정이 다릅니다.

술 종류는 제조법에 따라 달라진다

증류주

위스키 , 소주 , 브랜디

가열하여 기화한 증기를 식혀 만드는 술입니다.

양조주

일본주 , 맥주 , 와인

효모에 따라 원료를 발효시켜 만드는 술입니다.

증류주는 '스피릿'이라고도 부르는데, 진이나 보드카, 럼 등도 여기에 포함돼.

참고로

혼성주

완성한 술에 과일이나 당분 등을 섞어 만드는 술입니다. 과일주나 리큐르가 대표적이지요.

나무통으로 숙성시킨 증류주
그게 바로 위스키

와인이나 일본주, 맥주 말고도 소주, 브랜디, 리큐르 등 세계에는 여러 가지 술이 있습니다. 이러한 술은 제조법에 따라 크게 '양조주', '증류주', '혼성주' 세 가지로 나뉘지요.

위스키는 '증류주', 맥주는 '양조주'로 구분하는데, 그게 다는 아닙니다. 위스키가 다른 술과 다른 점은 세월이라는 시간이 들어간다는 점이에요. 위스키는 최소 10년 동안은 나무통 안에서 재우는 과정, 즉 숙성이 필요합니다.

10년이라는 세월은 인간이 태어나서 초등학교 3학년까지 크는 긴 세월이지요. 그동안은 제조자 입장에서 조금의 돈도 되지 않습니다. 와인에서는 보졸레(Beaujolais), 일본주로는 신주(新酒), 맥주나 소주 등은 만들자마자 바로 수입이 될 수 있지만, 위스키는 그렇지 않아요. 위스키는 오랜 세월과 그에 따른 장인의 기술이 가득 담긴 술이랍니다.

내가 좋아하는 위스키를 찾으려면?

즐비하게 늘어서 있는 보틀…
하지만 현혹되면 안 된다!

BAR에 온 손님들이 위스키가 진열된 선반을 보고 깜짝 놀라는 모습을 자주 봅니다. 대부분 거의 본 적도 없는 술이 즐비하니까 당연하지요. 하지만 우물쭈물하지 말고 궁금한 게 있으면 바텐더에게 편하게 물어보세요.

이럴 때 저는 우선 "위스키, 와인, 칵테일 중 어떤 걸 드시겠습니까?"라고 여쭤봅니다. 기쁘게도 요즘에는 '위스키를 마셔보고 싶다'라고 하시는 분이 늘어났어요. 다음으로 "스모키, 프루티, 그리고 그 중간 중 어떤 걸 좋아하세요?"라는 질문을 던지지요. 자기 취향이 확실한 손님도 있지만, '내 취향을 잘 모르겠다'라는 분께는 세 종류의 위스키를 비교해 맛보는 테이스팅을 권하고 있답니다.

내 취향에 가까운 맛은?

미디엄

프루티도 아니고, 스모키도 아닌 맛과 향. 일본산인 재패니즈 위스키가 대부분 여기 해당합니다.

스모키

'피트(토탄) 향'이라고 불리는, 마치 병원의 아이오딘 팅크 같은 독특한 냄새가 특징. 이걸 좋아하는 사람은 빠져들 수밖에 없는 맛이지요.

프루티

과일 향이나 달콤한 향을 가진 위스키. 대표적인 것으로는 스카치(스코틀랜드산 위스키) '맥캘란(→P.21)'이 있어요.

위스키의 맛은 크게 세 가지로 나뉩니다. 스모키, 프루티 그리고 그 가운데에 해당하는 미디엄. 저의 가게에서는 그 세 종류를 한 잔 가격으로 시음할 수 있는 테이스팅 시스템을 갖추고 있어요. 모든 위스키 BAR가 이런 시스템을 운영하는 것은 아니지만, 바텐더에게 먼저 물어 보세요. 그러면 내 입맛이 뭔지 알 수 있기에, 다른 바에 가더라도 좋아하는 술을 말할 수 있게 됩니다.

테이스팅 시스템

미디엄, 프루티, 스모키로 맛과 향이 서로 다른(혹은 같은 계통의) 위스키를 늘어놓고 비교해 맛보는 방식입니다. 향기를 맡고 조금씩 마시기 때문에, 될 수 있으면 향이 도망가지 않도록 뚜껑이 딸린 글라스를 써요.

과음은 금물!!

추천하는 위스키

프루티 테이스트

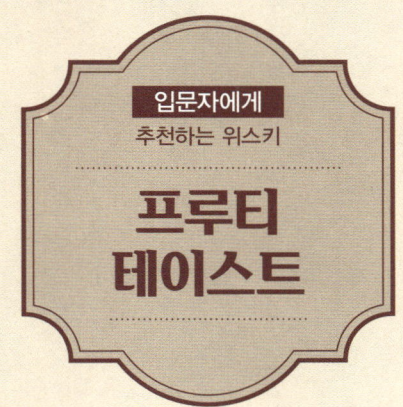

아직 풋풋하고 가련한 공주님 같은 위스키랍니다

맥캘란 10년
THE MACALLAN 10 YEARS OLD

산지 : 스코틀랜드
도수 : 40%

셰리 통에서 숙성된 순한 맛의 위스키 '맥캘란'. 스코틀랜드가 두 번째로 공인하는 역사를 가진 이 위스키는 독자 품종의 보리에 천연 용천수와 독자적인 효모만으로 완성되었습니다. 스트레이트로 마시는 걸 추천합니다. 풍부한 맥아와 셰리 풍미 속에 희미한 달콤함을 느낄 수 있습니다(현재는 단종).

에드라두어 10년
EDRADOUR 10 YEARS OLD

산지 : 스코틀랜드
도수 : 40%

입에 머금은 순간 감도는 스모키함에 이어, 시럽처럼 달콤한 맛이 퍼지는 위스키 '에드라두어 10년'. 에드라두어의 역사는 원산국인 스코틀랜드의 하이랜드 지역에서 합법적으로 위스키 생산이 개시된 1824년까지 거슬러 올라갑니다. 세상에서 가장 작은, 마치 동화 같은 증류소랍니다. 글라스 안에서 퍼지는 민트 향을 즐길 수 있지요.

달모어 12년
THE DALMORE 12 YEARS OLD

산지 : 스코틀랜드
도수 : 40%

셰리 통, 버번 통으로 숙성되어 깊이 있는 맛이 나는 '달모어 12년'. 수많은 증류소가 있는 하이랜드 지방에서 지역의 용천수를 사용하여 만든 위스키입니다. 자극적이고 프루티한 향기 덕분에 식후주, 스트레이트로 마시는 것을 추천합니다. 식후 편안한 시간에 이 위스키를 즐기는 건 어떨까요?

스모키 테이스트

다정하게 품어주는 아주머니 같은 풍부함을 갖고 있답니다

아드벡 10년
ARDBEG 10 YEARS OLD

산지 : 스코틀랜드

도수 : 46%

북대서양을 바라보며, 풍부한 피트(토탄)를 가지고 있는 스코틀랜드 아일라섬. 여기서 만들어지는 위스키 중 하나인 '아드벡'은 피트에서 오는 강렬한 스모키한 맛이 특징입니다. 마일드 위스키에 익숙한 사람에게는 조금 강렬한 향을 가진 위스키지만, 그래도 마실 때는 스트레이트를 추천합니다. 맛의 깊은 곳에서 부드러운 단맛을 느낄 수 있답니다.

라프로익 10년
LAPHROAIG 10 YEARS OLD

산지 : 스코틀랜드

도수 : 43%

라프로익은 스코틀랜드에서 처음으로 영국 왕실 전용 싱글 몰트(→P.37)로 인정받았습니다. 이끼나 해조를 품은 수분이 많은 피트를 사용함으로써 아이오딘(요오드)향과 건조시킨 풀 내음이 약품 같은 개성을 자아내지요. 한 모금 마시면 드라이하면서 스모키한 여운을 느낄 수 있습니다.

라가불린 12년
LAGAVULIN 12 YEARS OLD

산지 : 스코틀랜드

도수 : 57.8%

라가불린의 개성은 아일라섬의 해조를 품은 피트에서 온다고 할 수 있어요. 맥아에 옮겨진 스모키함과 아이오딘 향기가 12년의 숙성으로 깊이감을 더한답니다. 오일리하면서도 깊은 맛이 난 후, 스파이시한 자극이 찾아오면서 마지막에는 또렷한 스모키함이 마무리해 줍니다.

미디엄 테이스트

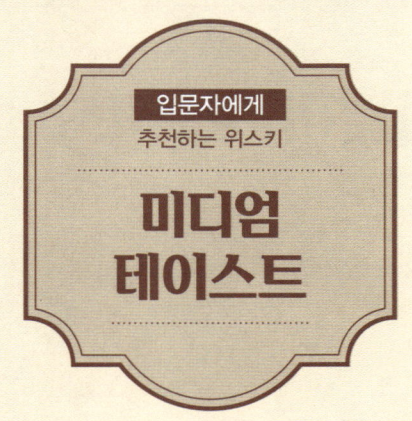

영국 왕 조지 4세의
젊은 시절을 연상시키는
기품이 느껴지지!

글렌리벳 12년
THE GLENLIVET 12 YEARS OLD

산지 : 스코틀랜드
도수 : 40%

몰트에 피트 향을 넣지 않고 미국 오리건 산의 소나무로 만든 발효통으로 발효하는데, 주로 아메리칸 오크 나무통에 숙성함으로써 글렌리벳 특유의 바닐라나 벌꿀의 단맛이 감도는 향기로움이 탄생합니다. 열대 과일이나 꽃, 풋사과와 같은 조화롭게 이루어진 단맛의 균형감도 좋아서 초보자도 스트레이트로 맛볼 수 있답니다.

글렌피딕 12년
GLENFIDDICH 12 YEARS OLD

산지 : 스코틀랜드
도수 : 40%

아메리칸 오크의 버번 통과 유러피안 오크의 올로로소(Oloroso) 셰리 통에서 12년 이상 숙성한 원액을 블렌딩(→P.36)함으로써 서양 배와 사과와 같은 프루티한 향기, 그리고 벌꿀과 커스터드와 같은 달콤한 향을 빚어냅니다. 자극이 적은 스트레이트나 프루티함을 끌어낼 수 있는 트와이스업(→P.27)을 추천합니다.

그 외에 미디엄 테이스트로는
일본의 위스키인 '야마자키'나 '하쿠슈' 등도
입문자용으로 잘 어울리지!

위스키는 아로마 테라피

향기를 즐기지 않고서는 위스키도 즐길 수 없다

와인을 마실 때는 많은 이들이 맛만이 아니라 향기도 함께 즐깁니다. 그런데 대부분의 사람들이 위스키는 향기를 맡기도 전에 바로 마셔버려요. 참 아까운 일이지요. 위스키는 '향기로 시작해서 향기로 끝나는' 술입니다.

향기를 맡는 것을 '노우징'이라고 합니다. 여러분도 위스키를 마시기 전에 꼭 향을 맡아 보세요. 맥캘란은 마치 말린 과일 같은 향기가 나면서 그 안에는 초콜릿 맛이 납니다. 미디엄에 해당하는 글렌리벳은 풋사과 향에 달콤한 레몬꽃의 상큼한 꿀 같아요. 스모키한 라프로익은 아이오딘 팅크(소독액)의 향처럼 느껴지겠지요. 제일 처음 다가오는 향을 톱 노트라고 합니다. 이 향기는 시간이 지날수록 변화하는 게 특징이지요. 마시기 전과 후, 글라스 향을 두 번 맡아보면 그 변화에 깜짝 놀라게 될 거예요. 위스키 향기에는 다양한 종류가 있는데, 여기에서 대략적인 소개를 하고자 합니다.

플로럴(floral)	페인티(feinty)	프루티(fruity)
● 라벤더 ● 허브 ● 싱싱한 풀	● 벌꿀 ● 가죽 제품 ● 버터	● 시트러스 ● 복숭아 ● 오렌지
설퍼리(sulfury)		**우디(woody)**
● 고무 ● 화약 탄 냄새	톱 노트 (가장 먼저 느껴지는 향기)	● 나무통 ● 커피 ● 바닐라
와이니(winey)	**시리얼(cereal)**	**피티(peaty)**
● 셰리주 ● 포트 와인 ● 초콜릿	● 맥아 ● 옥수수 ● 빵	● 약품 ● 스모키 ● 피트

※ 위의 향기 목록은 예시이며, 향기는 사람에 따라 다르게 느낍니다.
  어떤 향인지 맞추는 게 아니라 자신에게 맞는 향을 찾는 것이 중요해요.

노우징의 순서

살짝~

① 글라스를 돌린다

두 손가락으로 글라스를 쥐고, 잔을 폭포처럼 위아래로 흔들어 위스키를 휘젓습니다. 뚜껑은 닫은 채로 둡니다. 향기를 나게 하여 안에 가두는 거예요.

② 뚜껑을 연다

글라스를 손에 쥐고, 뚜껑을 열어 제일 먼저 다가오는 향기를 즐깁니다. 노우징의 본격적인 시작은 지금부터입니다. 우선 코 한가운데에서 향을 느껴보세요.

킁킁

하아~...
아아~

③ 잘 듣는 코를 찾는다

다음으로 오른쪽 코, 왼쪽 코로 교대로 냄새를 맡아봅니다. 코도 때에 따라 공기가 잘 통하는 곳과 향을 강하게 느끼는 곳이 다릅니다. 그게 바로 '잘 듣는 코'지요.

④ 향기를 즐긴다

잘 듣는 코로 천천히 향을 즐깁니다. 사람들은 대개 입을 닫고 맡는데, 반쯤 벌리는 게 포인트예요. 향기가 더 잘 흐르기 때문이지요.

잘 듣는 코는 때에 따라 다르니까 더 재밌는 법이지! 어느 쪽 코가 잘 듣는지 살필 때는 글라스에 코를 넣듯 바짝 갖다 대고 입은 벌린 채로 둬야 해.

아하, 그렇구나!

마시는 법은 사람에 따라 다르지만 추천하고 싶은 건…

위스키를 맛본 적이 없어도 하이볼이나 온더록, 미즈와리 같은 술 마시는 법은 알고 있는 사람이 많을 거예요.

이렇게 마시는 법을 아무것도 섞지 않는 스트레이트 방식에 비할 수는 없다며 강하게 반발하는 분도 있을 겁니다. 저는 다른 방식이 절대로 안 된다는 생각은 하지 않아요. 위스키의 첫걸음으로 괜찮다고 봅니다. 다만, 물이나 소다를 많이 넣으면 위스키에 있어 제일 중요한 향기가 살아나지 않지요.

제조 장인들의 몇십 년의 세월과 인생을 건 위스키의 풍성한 향기. 그걸 즐기지 않는다면 너무나도 아까운 일 아니겠어요?

만약 위스키를 마실 기회가 생기면, 마시는 방법을 조금 바꿔보는 건 어떨까요? 특히 하이볼만 마셔본 당신. 지금부터 소개하는 방법을 꼭 시험해 보세요. 지금까지 마셨던 위스키와는 완전히 다른 맛에 '위스키가 이렇게 맛있는 거였다니!' 하고 감동하게 될 거예요.

술 마시는 다양한 방법

미즈와리(水割り)

물을 넣어 알코올 도수나 맛을 조절할 수 있습니다. 첨가하는 물은 연수가 좋아요.

온더록

차가움을 유지할 수 있을 뿐만 아니라 시간 경과에 따라 알코올 도수를 조절하며 마실 수 있습니다.

스트레이트

위스키 그 자체의 맛과 향을 더 강하게 느낄 수 있습니다. 단번에 들이켜지 말고 물과 교대로 맛보는 게 좋습니다.

리요 씨는 예전에 하이볼 때문에 엄청난 숙취에 시달린 것 같던데, 위스키 역시 물 등을 타서 벌컥벌컥 마시는 건 추천하지 않아.

물로 더욱 살리는 위스키의 향기

위스키는 분명 스트레이트로 마시는 게 제일이긴 합니다. 미즈와리는 위스키를 물에 섞기 때문에 향이 나질 않아요. 온더록 같은 경우, 얼음으로 너무 차갑게 식어서 역시 향이 살아나지 않지요.

향기를 더욱 잘 살려 즐기려면 넣는 물의 양이 중요합니다. 또한 술을 잘하지 못하지만 제대로 맛을 보고 싶은 사람이나, '오늘은 좀 술이 빨리 취할 것 같다'라고 직감하는 날에 추천할 만한 방법이 있어요. 그건 바로 트와이스업 플로트입니다.

트와이스업이란, 물과 위스키를 1:1 비율로 넣는 것입니다. 그리고 플로트란, 위스키를 물 위에 띄우도록 붓는 방식이지요. 바 스푼 등을 사용하여 천천히 위스키를 부으면, 밀도 차이로 인해 위스키가 깔끔하게 물 위에 뜬답니다.

이렇게 함으로써 위스키는 정말로 깜짝 놀랄 정도로 향기로운 꽃을 피웁니다. 위스키는 섬세한 술이어서 아주 조금 물을 넣기만 해도 색다른 맛이 나요.

테이스팅은 천천히, 조용히

트와이스업 플로트는 얼음을 하나 넣은 온더록으로 마실 때도 추천합니다. 하이볼을 좋아하는 사람은 탄산 위에 플로트 하는 것도 좋겠지요. 다만 물도, 탄산도 글라스 안에서는 절대로 섞지 말고, 향기를 즐기면서 조용히 입에 머금으며 마시는 게 좋습니다.

더욱 맛을 즐기고 싶다면 입에 머금은 후 혀를 위아래로, 8자를 그리는 것처럼 3~4번 움직입니다. 혀 위에 '남은 향'을 느끼는 것처럼 위스키를 굴리는 것이 중요해요. 그러고 나서 목넘김으로 이어지게 하여, 천천히 꼼꼼하게 향과 맛을 즐기면 '위스키가 이렇게 맛있는 거였구나!' 하며 감탄할 겁니다.

트와이스업

얼음을 넣지 않고 위스키 1, 물 1로 만드는 미즈와리. 향을 더욱 살아나게 할 수 있습니다.

플로트

위스키를 물이나 탄산 위에 뜨도록 붓는 방법. 온더록 스타일도 추천해요.

위스키를 표현하는 세 가지 보디

나무통 이야기를 하기 전에 한 가지 꼭 알아야 할 맛의 표현

여기까지 위스키 향기의 매력과 맛 두 가지를 소개했습니다. 그런데 맛과 관련된 또 다른 한 가지인 '보디'를 설명할게요. '보디'는 와인 등에서도 흔히 사용되는 술의 체중감이나 무게라는 표현으로, 입에 머금어서 혀에 얹었을 때의 느낌을 일컫습니다. 실제로 마셔보지 않으면 알 수 없는 감각이지만, 보디는 크게 라이트 보디, 미디엄 보디, 풀 보디 세 가지로 나뉩니다.

라이트는 단어 그대로 가볍고 깔끔한 목넘김의 느낌입니다. 결코 맛이 밍밍하다는 뜻이 아니랍니다. 미디엄은 라이트보다 좀 더 보디가 느껴지면서, 목넘김과의 균형이 잘 잡힌 느낌이에요. 풀 보디는 중후하고 쿵 하고 배 속에 떨어지는 감각이지요.

같은 상표라도 햇수가 쌓이면서 라이트가 미디엄으로, 미디엄이 풀 보디로 변하는 경향이 있습니다. 단, 어떤 게 좋다는 뜻이 아니라 어디까지나 맛보는 사람의 취향이 중요해요. 식전이나 식후로 나누는 사람도 있는데, 그런 방식도 참 좋아요. 몇 가지 추천할 만한 위스키를 소개할 테니, 한번 마시고 비교하여 보디를 느껴보세요. 보디감을 표현할 수 있게 된다면 당신도 위스키 전문가를 향해 한 걸음 가까워집니다.

보디의 표현….
어쩐지 어려울 것 같은데….
저도 할 수 있을까요?

27페이지에서 설명했던
'남은 향'을 혀 위에서 굴리는 방법이
있잖아! 하지만 이건 취향에 따라
다르니까 억지로 보디를 느끼려고
애쓰지 않아도 돼.

제 1장 위스키를 맛있게 마시려면

각 보디별 추천 제품

라이트 보디

혀에 가볍게 닿으며 '개성이 강하지 않다'라고 느끼는 위스키입니다. 위스키는 대개 '식사 중 마시는 술'로 잘 이용되지 않지만, 라이트 보디는 비교적 식사와도 잘 어울리는 게 특징입니다.

보모어 10년
(→ P.45)

커티삭
(→ P.48)

캐나디안 클럽
클래식 12년
(→ P.51)

미디엄 보디

라이트 보디보다 '깊은 맛'을 더 강하게 느낄 수 있습니다. 혀에서 약간의 점도가 느껴지기도 하죠. 아래에서 소개할 풀 보디와 라이트 보디의 중간쯤에 해당한다고 볼 수 있어요.

맥캘란 10년
(→ P.21)

짐 빔
(→ P.53)

야마자키 12년
(→ P.56)

풀 보디

알코올의 '무게'를 혀 위나 목넘김을 통해 강렬히 느낄 수 있습니다. 식사 후 마시는 '식후주'로 특히 잘 어울려요. 오래 숙성된 위스키일수록 이런 경향이 있답니다.

아드벡 10년
(→ P.22)

버팔로 트레이스
(→ P.52)

히비키 21년
(→ P.127)

나무통이 만드는 위스키의 향기와 색

위스키의 색은 **나무통**으로 결정된다

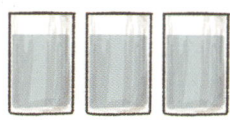
스피릿

원료인 곡물에서 만들어진 위스키의 기본이 되는 액체. 색이 없어서 화이트 스피릿이라고도 합니다.

나무통 숙성

저장고에서 나무통을 가득 쌓아둔 채 숙성시킵니다. 여기서 나무통 성분이 배어 나와 액체에 색이 입혀지지요.

보틀링

숙성을 마친 후 병에 담습니다(보틀링).

처음에는 무색투명하군요!

운반, 저장, 제조와 위스키에 빼놓을 수 없는 나무통

예전에는 몰래 만든 위스키를 셰리주나 와인 나무통에 숨겼다고 하지요. 여러 설이 있지만, 어느 날 오랜 시간 동안 방치한 나무통 속에서 숙성이 일어나 풍부한 향과 깊은 맛을 가지게 된 위스키를 발견하면서, 나무통은 위스키 제조에 빼놓을 수 없는 것이 됐습니다. 원료에서 갓 증류된 액체(스피릿)는 무색투명합니다. 알코올 도수가 높고, 자극도 강하지요. 그걸 나무통의 성분이 오랜 세월을 거쳐 부드럽게 만들어줍니다. 무색투명했던 액체에도 나무통 성분이 스며들어 서서히 물들어갑니다. 위스키의 그 호박색은 성분에 따라 색이 입혀진 것이랍니다.

나무통의 재료가 되는 원목 종류

나무통의 재료가 되는 것은 떡갈나무나 졸참나무 등의 원목입니다. 나무 종류나 원산지에 따라서도 풍미가 달라집니다.

> 물참나무는 200년이 지나도 지름이 60cm 정도야. 그만큼 시간이 지나야 마침내 나무통의 재료로 쓸 수 있는 거지.

프렌치 오크

유럽산 오크 중 하나. 담백하고 부드러우면서 프루티한 향이 특징. 스패니시 오크에 비해 깔끔한 풍미가 생깁니다.

스패니시 오크

유럽산 오크 중 하나. 프루티하면서 초콜릿 풍미처럼 달콤한 향이 특징. 프렌치 오크에 비해 맛과 향이 진합니다.

물참나무

재패니즈 오크(미즈나라)라고도 불립니다. 20년이 지나면 향목이 되어 백단 같은 향기가 나는데, 다루기 힘든 귀중한 원목입니다.

화이트 오크

아메리칸 오크, 아메리칸 화이트 오크라고도 합니다. 바닐라 향이 특징적이며, 전통적이고 왕도적인 위스키를 만들어냅니다.

맛의 비밀은 원목과 그 외의 술?

위에서처럼 몇 가지 나무 종류가 나무통으로 사용됩니다.

위스키에 쓰이는 나무통에는 또 한 가지 비밀이 숨어 있습니다. 일부 위스키를 제외하고, 다른 술의 숙성에 사용됐던 나무통을 다시 사용한다는 점이지요. 완전히 새로 처음 사용하는 통이 아닌, 재사용하는 나무통을 총칭해서 '리필(재사용) 캐스크'라고 부릅니다.

구체적인 내용은 다음 페이지에서 소개하겠지만, 와인이나 셰리주 혹은 다른 위스키를 숙성시킨 통이 재사용된답니다. 이 방법 덕분에 나무통에 숙성시켰던 술의 풍미나 향이 배어들고, 다음에 숙성하는 위스키와 섞여서 깊이를 더하는 것이지요. 나무통의 수명은 70~80년 정도라고 하며, 그 사이에 몇 번씩 숙성을 위해 재사용됩니다. 그렇다 해도 위스키의 숙성에는 시간이 걸리고 나무통을 만드는 원목도 한정적이어서 나무통 자체는 매우 귀중한 것이라 할 수 있습니다.

위스키 제조에 사용되는 **주요 나무통**

화사하고 프루티한 향을 자아내는 유러피안 나무통

셰리주를 만들 때 사용된 나무통. 셰리주는 스페인 안달루시아 지방에 있는 헤레스라는 곳에서 만들어지는 것으로, 주정 강화 와인이라고도 합니다. 셰리주에도 몇 가지 종류가 있는데, '올로로소'나 'PX 캐스크(페드로 히메네스 캐스크)' 등의 나무통이 숙성에 자주 사용됩니다. 주요 원목은 스패니시 오크, 프렌치 오크입니다.

와인 통(와인 캐스크)

각양각색의 와인이 낳는 풍요로운 향기가 특징

와인 통은 종류가 매우 많으며, 일반적인 레드 와인이나 화이트 와인 이외에도 셰리 같은 주정 강화 와인을 숙성시킨 나무통도 사용됩니다. 프렌치 오크와 포도의 달콤한 향, 프루티함이 특징이지요. 또한 보디감도 중후한 것이 많답니다.

일본의 위스키 '야마자키'에는 보르도 와인 통이 사용됐지.

MEMO

주정 강화 와인이란?

스페인산, 포르투갈산, 마데이라산의 와인에 브랜디를 더해 알코올 도수를 높인 것입니다. 위스키에는 '셰리', '포트 와인', '마데이라 와인' 나무통이 주로 사용되지요.

버번 통(버번 캐스크)

미국의 위스키가 낳은 왕도적인 풍미와 맛

미국 켄터키주에서 만들어진 버번이라는 위스키를 숙성시킨 나무통입니다. 버번은 새 나무통을 사용하는 것이 법률적으로 의무화되어 있고, 그 새 통에는 '차(char)'라는 나무통이 새카맣게 탈 정도로 그을리는 작업이 이루어집니다. 스모키한 느낌이 있을 것 같지만, 전혀 그렇지 않아요. 버번 통은 바닐라 향이 강하고, 왕도적인 위스키를 탄생시킨답니다.

차링(charring)은 나무통을 멸균하는 효과도 있어요.

피트 통(피트 캐스크)

스모키한 풍미를 더해주는 귀중한 리필 캐스크

24페이지에서 소개한 것처럼 스모키한 위스키를 숙성한 나무통입니다. 적어도 두 번의 리필이 이루어져서 깊이 있는 풍미가 배어들지요.

맥주, 기타 등등

최근 증가하기 시작한 새로운 스타일

홉을 이용하여 쌉쌀한 풍미를 느끼게 해주는 맥주 통이나 사탕수수를 원료로 만들어진 달달한 풍미가 특징인 럼 통이 위스키 숙성에 사용될 때도 있답니다.

이번에는 나무통에 따라 위스키를 골라볼게요!

스패니시 오크나 물참나무통으로 만든 위스키가 얼마나 맛이 좋은지 몰라! 와인 통도 추천해!

위스키의 세 가지 별명

숙성 후 공정으로 위스키의 폭이 더욱 넓어진다

나무통은 목재여서 숙성 중에 틈새로 액체가 새기도 하고, 알코올이 증발(증산 작용)하기도 합니다. 그래서 나무통 저장고에서는 매우 좋은 향기가 나지만, 나무통 안에 잠든 위스키 원액이 절반 정도로 줄어들고 맙니다. 그 상태로 병에 담을 때도 있지만, 대부분 물을 더해 알코올 도수를 조정합니다. 물을 넣지 않고 하나의 나무통에서 그대로 병에 담은 위스키도 있지요.

위스키는 병에 담기기 전의 공정이나 원료에 따라 크게 세 가지 다른 이름으로 바뀝니다. 우선 원료가 되는 몰트(맥아)만으로 만든 위스키를 '몰트 위스키'라고 부르지요. 몰트 위스키는 원료의 특징이 잘 살아나 아주 개성적인 위스키가 됩니다.

두 번째는 '그레인 위스키'. 몰트가 아니라 옥수수나 밀 등의 다른 곡물류로 만든 위스키입니다.

세 번째는 나무통에서 꺼낸 원액을 다른 원액과 섞어서 만드는 '블렌디드 위스키'입니다. 몰트 위스키 20~30%, 그레인 위스키 70~80%의 비율로 섞을 때가 많고, 순하면서 마시기 쉬운 느낌의 위스키가 만들어집니다. 그래서 그레인 위스키는 블렌디드 위스키에 필수적인 존재라고 할 수 있지요. 원액끼리 섞는 것을 '블렌딩'이라고 합니다.

> 증산 작용을 가능한 줄이기 위해 위스키는 선선한 기후의 나라에서 만들어질 때가 많아.

※ 이전에는 몰트 원주끼리 섞는 것을 '배팅(Vatting)', 몰트와 그레인 원주를 섞는 것을 '블렌딩(Blending)'이라고 불렀으나 현재는 통일하여 사용하고 있습니다.

몰트 위스키와 블렌디드 위스키

몰트 위스키

두줄보리의 맥아만을 원료로 쓰며,
단식 증류기(→P.141)라고 불리는 증
류기를 사용하여 만든 위스키.

싱글 몰트 위스키
하나의 증류소(→P.64)에서 제
조한 몰트 위스키만을 병에 담
아 만든 위스키.

블렌디드 몰트 위스키
여러 증류소의 몰트 위스키를
블렌딩해서 병에 담아 만든 위
스키.

그레인 위스키

옥수수나 밀 등의 곡물을 원료로 하
여, 연속식 증류기(→P.141)라고 불리
는 증류기로 만든 위스키.

몰트 위스키,
그레인 위스키,
블렌디드 위스키
세 가지는 꼭 기억해!

블렌디드 위스키

손에 꼽을 정도의 몇 종류부터, 때로는 100종류에 가까운
싱글 몰트 위스키와 그레인 위스키를 섞은 위스키.

MEMO

싱글 캐스크와 캐스크 스트랭스

나무통에서 꺼내는 것이나 물을 더하는 유무에 따라서도 위스키의 명칭이 달라집
니다. 다음의 두 가지 이름도 기억해 두세요.

싱글 캐스크
하나의 나무통에서만
꺼내, 병에 담아 만든
위스키.

캐스크 스트랭스
나무통에서 꺼낸 후, 물을
더하지 않고 블렌딩해서
병에 담아 만든 위스키.

하나(싱글)의
나무통(캐스크)에서
나온 걸 병에 담으니까
싱글 캐스크가
되는군요!

위스키의 주요 분류

나라에 따라 이름이 다른 세계의 위스키

세계에는 수많은 위스키가 있습니다. 예전에 비해 위스키를 만드는 나라가 많이 늘었지만, 현재에도 주요 다섯 개 국가에서 만들어진 위스키를 '세계 5대 위스키'라고 부릅니다. 이 위스키들은 생산량이 아닌 위스키의 역사적 관점에서 봤을 때의 다섯 종류(다섯 개 국가)라는 뜻으로, 각각에 해당하는 명칭이 있습니다.

23페이지에서 추천 위스키로 소개한 '스카치' 위스키나, 35페이지의 나무통 종류에서 나온 '버번' 위스키. 그 외에도 아일랜드에서 만들어진 '아이리시' 위스키, 캐나다에서 만들어진 '캐나디안' 위스키가 있어요. 그리고 일본에서도 만들어지는 '재패니즈' 위스키까지 해서 이 다섯 종류가 5대 위스키로 불리고 있답니다.

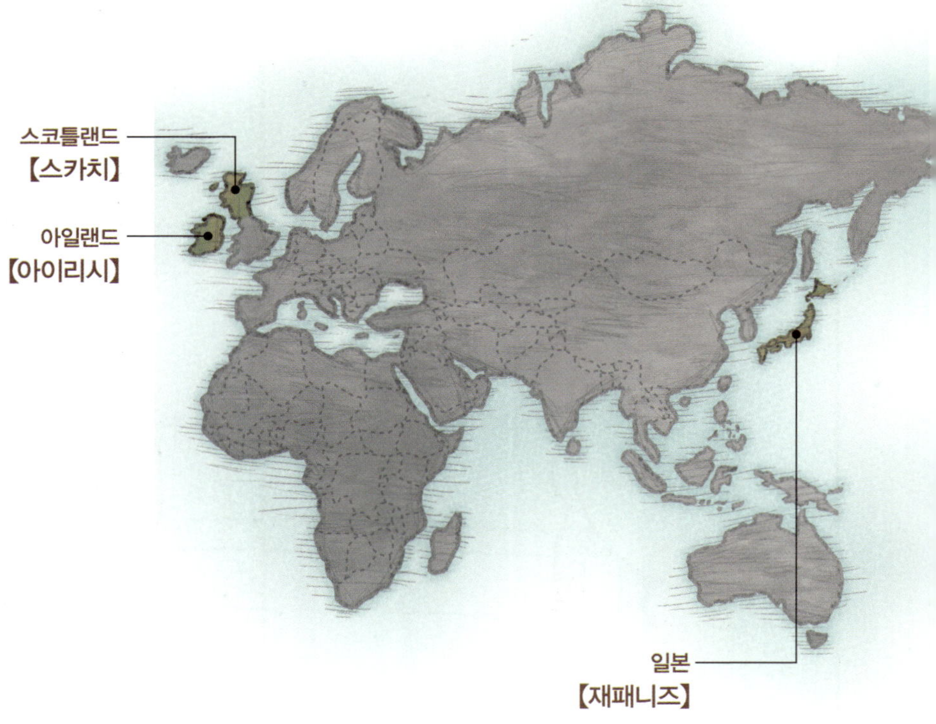

스코틀랜드
【스카치】

아일랜드
【아이리시】

일본
【재패니즈】

위스키의 역사를 논할 때 빼놓을 수 없는 게 이 다섯 개의 나라인데, 각 산지에 관한 자세한 이야기는 다음 장에서 하겠습니다. 여기서는 좋아하는 위스키를 찾는다는 생각으로, 간단히 맛에 대해 설명할게요.

그러고 보니 일본 위스키가 해외에서도 인기가 있다는 이야기를 들었어요!

재패니즈 위스키의 뿌리는 스카치에 있지만, 그건 또 다음에 이야기해 줄게.

캐나다
【캐나디안】

미국 켄터키주
【버번】

【스카치】

스코틀랜드에서 만들어지는 위스키. 전통적인 기법으로 만들어진 몰트 위스키가 유명하지만, 훌륭한 블렌디드 위스키도 많습니다. 21페이지부터 소개했던 것처럼 프루티, 스모키, 미디엄까지 종류가 풍부한데, 특히 스모키한 풍미는 스카치의 가장 큰 특징이라고 할 수 있어요.

【버번】

미국 켄터키주에서만 만들어지는 위스키입니다. 스카치와는 달리 밀이나 옥수수, 호밀 등으로 만든 블렌디드 위스키가 주를 이룹니다. 35페이지에서 설명했던 것처럼 차 작업을 거친 새 나무통에서 숙성하여, 자극적인 맛과 부드러운 바닐라 향이 인상적이에요. 켄터키주 이외에서 만들어진 건 버번이라고 부르지 않습니다.

【아이리시】

현대에 들어서면서 브랜드가 줄어들었지만, 한때 세계의 절반을 차지했던 위스키입니다. 잡맛이 적고 마일드하면서 오일리한 맛이 특징이지요.

【캐나디안】

옥수수를 주원료로 삼은 버번에 가까운 위스키입니다. 5대 위스키 중에서도 가장 담백하며 라이트한 보디감 덕분에 마시기 좋은 느낌입니다.

【재패니즈】

스카치를 베이스로 만든 위스키. 5대 위스키 중에서도 가장 역사가 짧고, 스카치만큼 피트가 들어간 스모키함은 없습니다. 하지만 섬세한 풍미와 맛은 세계적인 호평을 얻고 있어요.

여기까지 보면서
어떤 생각이 들었나요?
위스키라는 술에 대해
관심이 생겼다면 기쁘겠네요.

Good
Whisky
Time

~ 제4화 ~

「여기서 잠깐 휴식
추천 위스키 소개」

앞 페이지에서도 언급했지만,
제가 여러분께 꼭 말하고 싶은 건
'위스키는 향기로 시작해서
향기로 끝난다'라는 점입니다.

딸그랑

• 향기
• 보디
• 목넘김

크응크응

그리고 맛보는 방법인
'보디', '목넘김'까지
이 세 가지를 잘 기억하기만
해도, 위스키의 매력을
더 잘 느낄 수 있을 거예요.

그럼 다음 2장부터는
위스키에 대해 더 자세한
이야기를 해보겠습니다.
그전에 제가 추천하는
위스키를 몇 가지
소개할게요.

2장 이후부터는
중급자, 상급자에 맞는
위스키를 소개할 테니
참고해 주시면
좋겠습니다.
그럼 『굿 위스키 타임』을
마저 즐겁게 읽어주세요.

초보자에게
추천하는 위스키

싱글 몰트
**프루티
테이스트**

귀부인 같은
우아함을 가진 위스키랍니다.
꼭 마셔봐요♡

글렌파클라스 105
GLENFARCLAS 105

산지 : 스코틀랜드
도수 : 60%

'105'란, 알코올의 강도(프루프)를 의미하며, 도수로 환산하면 60도에 해당합니다. 같은 시리즈에서 파격적인 도수를 자랑하는 '글렌파클라스 105'는 '철의 여인'이라고 불리던 대처 전 영국총리가 좋아했던 위스키로 유명합니다. 강한 알코올 도수 때문에 좀 망설여진다면, 플로트로 마시는 것을 추천합니다. 강렬하고 깊은 맛을 느낄 수 있는 위스키예요.

아벨라워 10년
ABERLOUR 10 YEARS OLD

산지 : 스코틀랜드
도수 : 40%

스페이사이드의 중심부인 라우어강을 따라 세워져 있는 빅토리안 양식의 건축물. 아벨라워의 명품은 이 아름다운 증류소에서 스코틀랜드산 보리만을 사용하여 만듭니다. 맥아 풍미를 가지면서 은은하게 달고, 풍미의 변화가 오래 지속되는 맛이랍니다. 부드러운 목넘김을 즐길 수 있는 스트레이트 방식으로 마시길 추천합니다.

탐두 10년
TAMDHU 10 YEARS OLD

산지 : 스코틀랜드
도수 : 40%

탐두의 창설자들은 1898년 스페인의 와인 셀러로부터 최고급 셰리 통을 최초로 확보했습니다. 120년 이상 지난 지금도 최고 품질의 올로로소 셰리 통으로 위스키를 숙성하고 있지요. 그런 환경에서 제조된 '탐두 10년'의 맛은 깔끔하면서도 달아서, 싱글 몰트에 입문하고 싶은 초보자도 즐길 수 있습니다. 입에 머금지 않아도 잔에서 꽃과 같은 프루티한 향을 느낄 수 있답니다.

싱글 몰트
스모키 테이스트

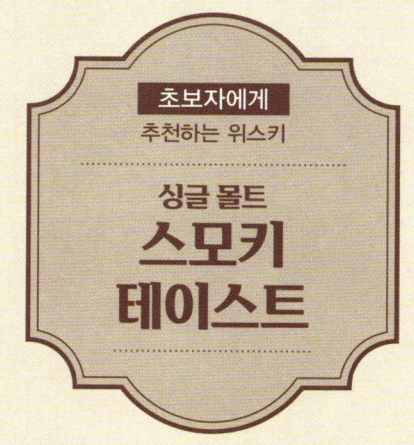

보모어 10년은 현대적인 미남, 혹은 아직 젊은 청년과 같은 위스키야

쿨일라 12년
CAOL ILA 12 YEARS OLD

산지 : 스코틀랜드
도수 : 43%
12년은 쿨일라의 스탠더드한 싱글 몰트입니다. 쿨일라 특유의 스모키함에 시트러스 향이 포함되어 있지요. 불에 탄 나무 향과 스파이시함이 여운으로 남아요. 로흐 남반(Loch Nam Ban) 호수의 용천수는 미네랄과 피트가 풍부합니다. 12년의 특징인 스모키함과 프루티함, 그리고 여운으로 스파이시함을 즐길 수 있어요.

보모어 10년
BOWMORE 10 YEARS OLD

산지 : 스코틀랜드
도수 : 40%
버번 통만으로 10년 이상 숙성한 원액을 셰리 통 숙성 위스키와 블렌딩하여 만듭니다. 스모키하면서도 탄내가 나는 피트 향에, 프루티함이 섞여 절묘한 풍미를 자랑하지요. 처음으로 위스키를 마시는 사람에게도 추천해요.

탈리스커 10년
TALISKER 10 YEARS OLD

산지 : 스코틀랜드
도수 : 45.8%
『보물섬』이나 『지킬 박사와 하이드 씨』 등의 작가 R. L. 스티븐슨이 'King o' Drink'라고 절찬한 탈리스커의 대표작입니다. 라벨에 적힌 'MADE BY THE SEA'에서는 스카이섬의 험난한 자연에 대한 경외심이 느껴지지요. 호수의 향기, 말린 과일의 단맛, 스모키함과 피트 향이 절묘한 균형을 이룬 위스키입니다.

싱글 몰트
미디엄 테이스트

젊은 시절의 오드리 헵번을 연상시키는 늠름한 맛이 특징이에요

글렌 엘긴 12년
GLEN ELGIN 12 YEARS OLD

산지 : 스코틀랜드
도수 : 43%

글렌 엘긴 12년은 맥아 향의 안쪽에서 벌꿀과 감귤계의 향이 나타나면서, 입에 머금으면 스코틀랜드의 스페이사이드에서 제조된 위스키 특유의 매끄럽고 프루티한 단맛이 퍼집니다. 여운은 씁쓸하면서도 스모키합니다. 스페이사이드 특유의 향기를 즐길 수 있어요.

글렌모렌지 오리지널
GLENMORANGIE THE ORIGINAL

산지 : 스코틀랜드
도수 : 40%

스코틀랜드의 위스키로는 드물게도 미네랄 성분이 풍부한 경수(硬水)를 사용했습니다. 스코틀랜드에서 가장 높은 포트 스틸(→P.141)에서는 잡맛을 품은 묵직한 증기에서 빠져나온 가볍고 순수한 증기만 끝부분까지 가게 하여 추출합니다. 바닐라와 감귤계의 복잡한 맛과 복숭아의 단맛, 오렌지의 씁쓸한 여운이 특징이에요.

로열 로흐나가 12년
ROYAL LOCHNAGAR 12 YEARS OLD

산지 : 스코틀랜드
도수 : 40%

하이랜드 동부에 있는 로흐나가 증류소는 모든 공정이 수작업으로 진행되는 몇 안 되는 증류소입니다. 빅토리아 여왕과 알버트 공에 의해 왕실 전용이라는 인증인 '로열'을 하사 받았지요. 홍차와 같은 향기에, 벌꿀 같은 단맛의 뒤를 이어 산미가 따라오며 은은한 쓴맛이 남습니다. 어떤 식으로 마셔도 좋지만, 한 번은 꼭 스트레이트로 맛보세요.

블렌디드 스카치

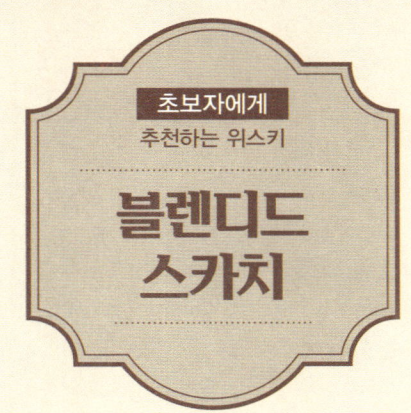

마치 지휘자가 지휘봉을 휘둘러, 원액의 하모니를 연주하는 것 같아!

발렌타인
BALLANTINE'S

산지 : 스코틀랜드
도수 : 40%

40종 이상의 싱글 몰트를 블렌드한, 블렌디드 스카치를 대표하는 브랜드입니다. 각각의 몰트 원액의 장점을 뽑아내 절묘한 균형으로 블렌드된 맛은 그야말로 오케스트라 같지요. 개성 넘치는 맛이어서 스트레이트나 플로트로 맛보길 권해요.

듀어스 화이트 라벨
DEWAR'S WHITE LABEL

산지 : 스코틀랜드
도수 : 40%

하이랜드의 에버펠디 같은 키 몰트를 사용한 블렌디드 스카치 위스키입니다. 나무통 숙성을 시킨 몰트 위스키와 그레인 위스키를 블렌드한 다음, 또다시 나무통에서 숙성하는 '더블 에이지 제조법'이 스파이시한 맛과 마일드한 맛의 균형을 절묘하게 잡아줍니다.

딤플
DIMPLE

산지 : 스코틀랜드
도수 : 40%

딤플에는 키 몰트(메인이 되는 몰트 원액)로 로우랜드의 글렌킨치(Glenkinchie)나 스페이사이드의 글렌로시(Glenlossie)가 사용됩니다. 이런 키 몰트가 딤플의 가벼운 입맛과 스파이시함의 유래라고 할 수 있답니다. 매운맛이 적어서 스트레이트로도 마시기 좋은 위스키입니다.

올드파
OLD PARR BLENDED

산지 : 스코틀랜드

도수 : 40%

엄선한 원액을 18년 이상 숙성하여 블렌디드한 스카치 위스키입니다. 풍부한 향의 바닐라에 몰트의 단맛이 어우러지지요. 크리미하면서 매끄럽게 닿는 혀 감촉에 피트 맛이 난 후, 스모키한 여운이 남아요. 올드파란 이름은 152세까지 살았다고 하는 영국인 토머스 파의 애칭을 딴 것으로, 그의 건강과 장수의 이미지를 반영하였습니다.

더 페이머스 그라우스
THE FAMOUS GROUSE

산지 : 스코틀랜드

도수 : 40%

40종 이상의 원액을 블렌드했습니다. 상큼한 향기와 풍부하면서도 부드러운 맛, 목넘김도 매끄러워서 본고장인 스코틀랜드에서 제일 인기가 많은 위스키입니다. 블렌드한 후에 1년 동안 숙성하는 것이 특징입니다. 이름에 들어가 있는 '그라우스'는 하이랜드 산에 서식하는 뇌조에서 유래했으며, 라벨에도 이 모습이 크게 그려져 있어요. 뇌조 사냥이 유행했을 때 자주 마셨다는 위스키인 만큼, 아웃도어 활동 중에 마셔보는 건 어떨까요?

커티삭 25년
CUTTY SARK AGED 25 YEARS OLD

산지 : 스코틀랜드

도수 : 45.7%

혀에 가볍게 닿는 느낌과 함께 마시기 편하여 세계적으로 인정받은 스탠더드 블렌디드 스카치 위스키입니다. 글렌로시스, 맥캘란, 하이랜드 파크 등 최고급 몰트를 중심으로 블렌드되어, 피트를 느끼지 않게 하는 프루티한 상쾌한 맛이 납니다. 금주법 시대의 미국에 많이 밀반입됐다는 위스키이기도 하지요.

커티삭(슬립)을 입은 마녀가 춤추는 「섄터의 탬(Tam O'Shanter)」이라는 옛날이야기에서 유래한 이름이야

화이트 앤 맥케이
WHITE & MACKAY

산지 : 스코틀랜드
도수 : 40%

화이트 앤 맥케이는 35종 이상의 몰트 원액을 셰리 통에서 숙성시키고, 그 후 6종류의 그레인 원액을 블렌드하여 다시 셰리 통에서 숙성시켜 만듭니다. 프루티한 맛이 깊어 스트레이트로 마시기 좋은 위스키랍니다.

시바스 리갈
CHIVAS REGAL

산지 : 스코틀랜드 하이랜드 지방
도수 : 40%

시바스 리갈은 스페이사이드의 싱글 몰트 위스키인 스트라스아일라(Strathisla)를 키 몰트로 사용합니다. 스트라스아일라는 논 피트 맥아와 중연수(中軟水)로 만들어진 싱글 몰트로, 시바스 리갈의 프루티하면서도 향기로운 맛을 내는 데 기여하고 있습니다. 스트레이트도 좋지만, 트와이스 업으로 더욱 향기를 낼 수 있답니다.

조니 워커 블랙 라벨 12년
JOHNNIE WALKER BLACK LABEL 12 YEARS OLD

산지 : 스코틀랜드
도수 : 40%

12년 숙성을 콘셉트로 잡은 세계 첫 블렌디드 스카치 위스키입니다. 키 몰트는 스페이사이드의 카듀, 섬 지역의 탈리스커, 아일라의 라가불린입니다. 싱글 몰트만 따져도 28종의 원액이 사용되었지요. 하이볼로 마시는 게 인기이며, 확 퍼지는 스모키한 향이 조니 워커의 특징입니다.

조니 워커는 워커 형제가 트렁크 하나만 가지고 미국으로 건너가 팔기 시작한 위스키지

초보자에게
추천하는 위스키

아이리시&
캐나디안

난쟁이 요정을 연상시키는
신기한 맛. 꼭 한번 맛봐요!

부쉬밀 블랙 부쉬
BUSHMILLS BLACK BUSH

산지 : 아일랜드 앤트림주

도수 : 45.7%

세계에서 가장 오래된 위스키 증류소의 제품으로, 아이리시 전통에 따라 3회 증류하여 가볍고 프루티한 위스키입니다. 논 피트 맥아를 사용함으로써 스모키함과 흙내를 없애고, 셰리 통과 버번 통에서 장기간 숙성시킨 몰트 원액에 엄선한 그레인 원액을 블렌드하여 잘 익은 과일 같은 맛을 자아냅니다.

제임슨
JAMESON

산지 : 아일랜드

도수 : 40%

제임슨은 세계에서 가장 인기 있는 아이리시 위스키입니다. 보리 맥아 외에도 옥수수나 호밀, 밀을 원료로 하여 피트를 사용하지 않고 아이리시 전통인 3회 증류를 통해 만듭니다. 버번 통이나 셰리 통에서 3년 이상 숙성하여, 향기롭고 부드러운 입맛과 맛이 깊은 목넘김을 만들어냅니다.

부쉬밀 화이트 부쉬
BUSHMILLS WHITE BUSH

산지 : 아일랜드 앤트림주

도수 : 40%

부쉬밀 화이트 부쉬는 논 피트 맥아를 사용함으로써 부드러운 입맛과 함께 버번 통이나 셰리 통, 포트 와인 통, 마데이라 와인 통, 럼 숙성 통 등을 통해 달콤한 향기를 빚어냅니다. 또한 아이리시 전통인 3회 증류로 가벼운 원액을 만들어내지요. 스트레이트로 잘 익은 과일의 느낌을 즐길 수 있습니다.

'CC'라는 약칭으로 익숙한, 캐나다의 대표 메이저 위스키야

캐나디안 클럽 클래식 12년
CANADIAN CLUB CLASSIC 12 YEARS OLD

산지 : 캐나다 온타리오주 윈저
도수 : 40%

히람 워커 증류소는 캐나다의 온타리오주 윈저에 위치하며, 디트로이트강을 사이에 두고 북쪽은 미국입니다. 오크통에서 12년 숙성된 호밀에서 온 달콤한 향과 마일드한 입맛, 상큼한 여운이 특징입니다. 마시기 매우 편한 위스키여서, 스트레이트나 트와이스업에 처음 도전하는 사람에게 알맞아요.

탈라모어 듀
TULLAMORE DEW

산지 : 아일랜드
도수 : 40%

탈라모어 듀는 아이리시 위스키 중에서도 개운함이 도드라지는 술입니다. 몰트 원액과 그레인 원액, 포트 스틸에 의해 원액을 블렌딩한 위스키지요. 은은한 단맛과 프루티한 향을 즐기려면 스트레이트를 추천합니다. 추운 날씨에는 칵테일 '아이리시 커피'로도 만들어보세요.

앨버타 스프링스
ALBERTA SPRINGS

산지 : 캐나다
도수 : 40%

캐나다의 앨버타주에 있는 증류소로, 지역에서 나는 고급 호밀을 원료로 삼아 독자적인 차콜 필터(활성탄 여과기)로 여과하여 장기 숙성함으로써 깊은 맛이 나면서도 가벼운 입맛을 가진 캐나디안 위스키를 만들어냅니다. 스파이시한 풍미를 즐기고 싶다면, 소다 플로트를 추천해요.

버번&테네시

이 버팔로가 다니는 길은 행상인이 이용한 것으로도 잘 알려져 있지

버팔로 트레이스
BUFFALO TRACE

산지 : 켄터키주

도수 : 45%

한때 버팔로가 지나가던 길목이라는 뜻에서 이름이 붙은 버팔로 트레이스 증류소는 켄터키 강가의 광대한 부지에 자리하고 있습니다. 옥수수 70%, 호밀 17%, 보리맥아 13%로 만들어지는 버팔로 트레이스는 스모키하면서도 와일드하지만 흑당 같은 기분 좋은 단맛이 나요.

I.W. 하퍼
I.W. HARPER

산지 : 켄터키주

도수 : 40%

버번 위스키는 원료의 51% 이상을 옥수수로 해야 하는데, I.W. 하퍼는 옥수수의 비율이 특히 높은 것이 특징입니다. 부드러운 단맛과 상큼한 입맛이 감돌면서, 알코올 도수도 40도 정도로 매운맛도 강하지 않은 데다 금방 단맛이 겹칩니다. 이 위스키를 베이스로 칵테일 '민트 줄렙(Mint julep)'을 만드는 것도 추천합니다.

얼리 타임즈
EARLY TIMES

산지 : 켄터키주

도수 : 40%

켄터키주 얼리 타임즈 증류소의 이름은 옛날 제조법, 즉 'Early Times Method'로 위스키를 만들겠다는 신념에서 온 것이랍니다. 켄터키주의 지층에서 미네랄 성분이 여과된 물을 사용함으로써 스무스한 맛이 나지요. 가벼운 입맛과 달콤한 향을 즐기고 싶다면 스트레이트나 플로트, 깔끔함을 맛보고 싶다면 소다 플로트가 좋아요.

엘라이저 크레이그
ELIJAH CRAIG

산지 : 켄터키주
도수 : 47%

엘라이저 크레이그는 켄터키 개척 시대에 처음으로 버번을 제조했다고 하는 엘라이저 크레이그 목사의 이름을 딴 버번입니다. 헤븐 힐 증류소에서 만들고 있으며, 원료의 75%가 옥수수입니다. 부드러운 단맛이 강하며, 도수가 높은 것도 있지만 마시기 좋은 버번이랍니다.

올드 크로우
OLD CROW

산지 : 켄터키주
도수 : 40%

올드 크로우는 옥수수를 약 80% 가까이 사용했으며, 내부를 태운 오크통에서 숙성함으로써 달콤하고 프루티한 맛이 생겨납니다. 첫 번째 증류에서 생성된 증류 잔액을 새롭게 당화시킬 옥수수 등의 양조용 물에 20~30% 정도 더하는 '샤워 매시 방식'을 처음으로 채택한 버번으로, 향기가 깊습니다.

짐 빔
JIM BEAM

산지 : 켄터키주
도수 : 40%

버번의 뿌리가 되는 대표적인 제품. 엄선된 옥수수를 사용하고, 석회암으로 여과하여 칼슘 성분이 풍부한 용천수(라임스톤 워터)로 만듭니다. 짐 빔은 옥수수에서 나온 달콤함과 향기를 잘 끌어내어 마일드한 맛으로 인기가 좋습니다. 최근 일본 산토리와의 합병이 큰 화제가 됐지요.

버번과 미국 건국의 아버지 워싱턴 장군 사이에는 깊은 인연이 있어. 자세한 건 나중에 말해주지

와일드 터키 8년
WILD TURKEY 8 YEARS OLD

산지 : 켄터키주
도수 : 50.5%

이름은 당시 오너가 취미로 삼던 '칠면조 사냥' 때 친구들에게 선보인 버번이 매우 호평이었다는 일화에서 유래했습니다. 일반적인 버번보다 옥수수의 비율을 낮추고, 호밀과 보리 맥아의 비율을 올림으로써 스파이시하면서 단맛을 줄인 것이 특징입니다. 보틀링 때 물을 최소한으로 추가하여 만들어낸 깊은 맛은 스트레이트로 즐길 때 가장 잘 느껴집니다.

메이커스 마크
MAKER'S MARK

산지 : 켄터키주
도수 : 45%

메이커스 마크에서는 버번의 원료로 호밀이 아니라 겨울 밀을 사용함으로써 순한 맛을 만들어냅니다. 작지만 매우 아름다운 증류소에서 이루어지는 수작업 위스키 제조도 특징적이지요. 상징이라고 할 수 있는 밀랍 봉인은 한 병씩 직접 손으로 제작하므로 보틀에 따라 밀랍이 흐른 형태 등이 서로 다릅니다.

블랑톤
BLANTON'S

산지 : 켄터키주
도수 : 46.5%

블랑톤은 켄터키주에서 만들어지는 버번으로, 원액을 5~8년 숙성시킵니다. 여러 나무통의 원액을 블렌드해서 병에 담는 것이 아니라, 나무통 하나씩으로 병에 담는 싱글 배럴 버번입니다. 오일리한 입맛에, 깔끔한 스파이시함을 느낄 수 있어요.

켄터키 더비(경마)에는 필수적인 버번 위스키지!

창업자인 잭은 16세에 회사를 세운 희대의 경영자였다지?

잭 다니엘스
JACK DANIEL'S

산지 : 테네시주
도수 : 40%

잭 다니엘스는 버번이 아니라 테네시주에서 만들어진 테네시 위스키입니다. 설탕단풍의 목탄으로 5시간에 걸쳐 여과하는 차콜 멜로잉(charcoal mellowing, →P.104) 제조법으로 만듭니다. 이 덕분에 입맛이 더욱 부드러워지며, 달콤함이 생겨나지요. 미국에서는 스트레이트 혹은 콜라를 섞어 만드는 칵테일 '잭콕'이 대중적이랍니다.

더 옐로 로즈 오브 텍사스
THE YELLOW ROSE OF TEXAS

산지 : 켄터키주 바즈타운
도수 : 40%

'THE YELLOW ROSE OF TEXAS(텍사스의 노란 장미)'란 '텍사스 미인'이라는 뜻입니다. 남북전쟁 시대에 자주 불렸던 같은 제목의 발라드에 등장하는 여성의 이름을 따서 붙인 위스키예요. 버번다운 스파이시한 향기에, 프루티한 향기가 이어지면서 매운맛과 산미, 달콤함이 따라옵니다. 담백한 편이어서 스트레이트를 추천합니다.

포 로지스 버번
FOUR ROSES BOURBON

산지 : 켄터키주 로렌스버그
도수 : 40%

포 로지스의 꽃과 과일 같은 향은 다섯 가지 효모, 그리고 2종류의 원료 배합 비율에 의해 태어나는 10종류의 개성적인 원액을 블렌드하여 탄생합니다. 서양 배와 사과의 은은한 맛 덕분에 부드럽고 마시기 좋은 버번입니다. 포 로지스 옐로의 섬세한 풍미를 맛보려면 트와이스업을 추천해요. 명칭은 이 위스키를 탄생시킨 폴 존스 주니어가 프러포즈를 했을 때 상대 여성이 "제가 다음 무도회에서 장미 코르사주를 달고 있으면, 프러포즈를 허락한다는 뜻이에요. 기다려주세요"라고 말했고, 약속한 날에 네 송이의 장미를 가슴에 꽂고 나타났다는 에피소드에서 따 왔답니다.

재패니즈

야마자키 12년은
일본의 귀족 아가씨 같은 느낌.
재패니즈 위스키를 체험하고
싶으면 빼놓을 수 없답니다

이치로즈 몰트 물참나무 우드 리저브
ICHIRO'S MALT MWR

산지 : 사이타마현 지치부시
도수 : 46%

키 몰트인 하뉴 증류소의 몰트 원액 외에도 피트가 강한 몰트가 선정되었고, 지치부 증류소에서 배팅되어 물참나무통에서 다시 숙성됩니다. 입에 머금으면 스파이시한 맛이 마치 초콜릿 같은 단맛으로 바뀌며, 그 후에 스모키하게 변합니다. 마무리로 물참나무통에서 온 동양적인 향기가 느껴진답니다.

야마자키 12년
THE YAMAZAKI 12 YEARS OLD

산지 : 교토부 야마자키초
도수 : 43%

야마자키는 일본을 대표하는 싱글 몰트 위스키입니다. 좋은 물이 나는 지역에서 샘솟는, 센 리큐도 애용한 '이궁의 물(離宮の水)'을 사용하고, 와인 통 저장 몰트와 물참나무통 저장 몰트 등의 원액을 배팅(vatting)함으로써 달콤한 바닐라와 잘 익은 과일의 향기, 그리고 매끄러운 맛이 난답니다.

하쿠슈 12년
HAKUSHU 12 YEARS OLD

산지 : 야마나시현 호쿠토시
도수 : 43%

남알프스 가이코마가타케의 광대한 자연 속에는 하쿠슈 증류소가 자리하고 있습니다. 당시 공장장이었던 시마타니 유키오 씨의 말에 의하면, 인근의 자연을 보호하고자 하는 마음에 특히 배수(排水)에 매우 신경을 썼다고 합니다. 하쿠슈는 주령(酒齡) 12년 이상의 엄선된 원액에서 만들어진 싱글 몰트입니다. '숲 속의 증류소'라고 불리는 증류소에서 만들어진 하쿠슈 12년의 특징은 상큼한 산림의 향기와 과일 향이랍니다.

산토리 올드 위스키
SUNTORY OLD WHISKY

산지 : 교토부 야마자키초

도수 : 43%

1950년에 탄생한 산토리 올드는 일본산 블렌디드 위스키입니다. 전쟁이 끝나고 부흥이 한창 이루어질 때 판매되어 바, 클럽, 스낵 등의 주점에서 인기를 얻었습니다. 셰리 통에서 온 과일 같은 달콤한 향기가 나요. 마시기 좋아서 스트레이트도 좋지만, 트와이스업으로 하면 향기가 더 살아납니다.

기린 위스키 후지산로쿠 시그니처 블렌드
富士山麓 SIGNATURE BLEND

산지 : 시즈오카현 고텐바시

도수 : 50%

'매추레이션 피크(maturation peak)'라고 하는 숙성의 개성이 가장 잘 드러나는 상태의 원액을 엄선하여 블렌드된 위스키입니다. 냉각 여과를 하지 않는 논 칠 필터드(non-chill filtered) 제조법으로 보틀링되기에, 블렌딩(→P.146) 때의 감칠맛 성분을 가둬둘 수 있어 프루티한 향기와 흑당 같은 단맛이 납니다. 도수가 높아서 트와이스업을 추천해요.

히비키
HIBIKI

산지 : 교토부 야마자키초

도수 : 43%

히비키의 원액은 산토리의 3대 증류소에서 만들어집니다. 오사카부의 야마자키, 야마나시현의 하쿠슈, 아이치현의 지타가 이에 해당하지요. 각 지역의 특징을 살려, 히비키의 특징인 단맛과 화사하면서도 부드러운 향을 만들어내고 있답니다. 게다가 제조자와 자연이 서로 하모니를 이루어 창조하는 위스키라고 할 수 있어요.

마신 후에 일본 전통 북의 기분 좋은 리듬이 배 안에서 울리는 듯한 위스키지

퐁!

BAR를 개업하고 싶은 사람에게

가게를 갓 시작하려는 젊은 바텐더가 빠르게 BAR를 개업하려는 모습을 몇 번이나 봤습니다. 그런데 제가 그런 사람을 안타깝게 여기는 이유는 크게 세 가지가 있어요.

우선 메뉴 구성(가격과 상품 확보)이 제대로 되어 있지 않다는 점입니다. 위스키를 싼 가격에, 또한 비슷한 가격대의 것들을 진열할 때가 많죠. 또한 오피셜 상표가 아닌 보틀러즈(→P.159)가 많은 것도 좋지 않아요.

보틀러즈에서 맛이 좋은 건 수백 병 중에 한 병 정도입니다. 가끔 정말로 훌륭한 보틀러즈도 있지만, 그래도 오피셜 보틀을 많이 두는 것이 왕도라고 할 수 있겠습니다. 그리고 위스키는 비싼 것부터 저렴한 것까지 폭넓게 두는 것을 권해드립니다. 참고로, 저의 가게에서는 1천~54만 엔까지 준비하고 있어요. 가끔 다른 바텐더가 너무 비싼 가격대가 아니냐고 하지만 그렇지 않습니다. 제대로 된 위스키의 역사와 문화를 공부하고, 그걸 손님께 이해시키면 30만 엔이든 40만 엔이든 비싼 위스키를 마시러 찾아오시는 분이 꼭 있습니다. 가격의 폭이 낮으면 매출을 제대로 올릴 수가 없습니다.

두 번째 이유로는 가게의 콘셉트가 없다는 점입니다. 이는 휴식 공간 같은 편안한 BAR에서 흔히 엿볼 수 있습니다.

우선 내가 무엇을 할 수 있을지 생각해 봅시다. 사교성이 좋고, 그 사람의 체력도 받쳐준다면 오래 가게를 이어갈 수 있지만, 그래도 공부는 중요합니다. 그리고 또 다른 공부도 중요합니다. 술에 관한 지식은 물론이요, 경험을 통해 접객 지식을 배우기를 소홀히 한다면 실패할 수밖에 없습니다. 저도 접객은 잘하지 못하는 편이었지만, 업무차 방문하시는 분들을 위해 최선을 다해 공부해서 지금의 어센틱한 BAR로 키웠습니다.

마지막으로 비용 문제입니다. 금방 그만두는 종업원을 고용하거나 외상값이 많거나(외상은 금지!) 혹은 가게 오픈 시에 돈을 너무 많이 들이는 등. 직접 가게를 열 때는 1,000만 엔 이내의 비용을 대략적인 예산으로 잡으세요. 그렇지 않으면 들인 돈의 회수가 늦어지게 됩니다. 그리고 거기서 가게를 계속 운영해야 해요. 저는 빚을 지고 가게를 열었지만 37년간 한 번도 적자를 낸 적이 없습니다.

돈 문제가 가장 골치 아픈 부분이기도 하지만, 기본적으로는 상품의 비용과 입수, 임대료, 메뉴만 확실히 균형 있게 잡히면 가게는 꾸준히 운영할 수 있습니다. 그리고 아무도 없어도 혼자 잘 해낼 수 있다는 단단한 마음만 있으면 괜찮아요. 무엇보다 계속해 나가는 것이 중요하지요! 지속이야말로 힘입니다!

제 2 장

주요 생산지와 그 역사

야마자키 증류소

맥캘란 증류소

싱글 몰트 위스키의 이름은 그 증류소의 이름이야.

아아, 그런 뜻이었군요!

세계에는 여러 증류소가 있는데,

예를 들어 스카치 위스키인 맥캘란은 '맥캘란 증류소'에서, 재패니즈 위스키인 야마자키라면 '야마자키 증류소'에서 만들지.

자, 그럼 어디 이벤트를 시작해 볼까.

각지의 증류소 이야기를 할 테니 오늘 밤도 기대해.

위스키 산지와 증류소
~5대 위스키 정리~

스코틀랜드

전통적 제조법으로 만드는 몰트 위스키가 유명합니다. 특히 스모키한 풍미가 큰 특징이에요.

미국

켄터키주에서 만드는 버번이 유명합니다. 주로 옥수수나 밀, 호밀 등으로 위스키를 만듭니다.

아일랜드

한때는 세계의 절반 이상을 점유했던 위스키. 마일드하고 오일리한 맛이 특징이지요.

캐나다

옥수수를 주원료로 삼아, 버번에 가까운 위스키. 가벼운 보디감으로 마시기 쉬운 것이 특징이랍니다.

일본

스카치 위스키를 목표로 만든 위스키. 스모키함은 거의 없고, 섬세한 맛과 풍미가 특징입니다.

5대 위스키는 각각 그 나라의 증류소라는 장소에서 만들어지는 거죠?

그래, 맞아! 증류소에 따라 풍토나 제조법에 특색이 있으니까 위스키에도 그 개성이 잘 드러나지.

증류소는 어떤 곳일까?

증류소란 위스키나 브랜디로 대표되는 증류주를 만드는 공장을 의미합니다. 인프라가 갖춰지지 않은 옛 시절부터 남아 있던 시설로, 호수나 강 근처에 있어 풍부한 물을 확보할 수 있는 장소에 많이 세워졌습니다.

우리가 마시는 맛있고 부드러운 위스키를 만들기 위해서는 증류소가 필수적이었지요. 왜냐하면 그 단순한 제조법 덕분에 사용하는 물이나 곡물의 맛, 피트 유무, 더 나아가 그 증류소가 세워진 장소의 환경까지 풍미에 영향을 주었기 때문입니다. 예를 들어, 왕실 전용이자 스카치 위스키의 성지로 유명한 아일라섬의 라프로익 증류소(→P.87)는 조용하고 아름다운 만에 자리하고 있어, 1년 내내 바다에서 불어오는 해풍을 맞습니다. 한 번 마시면 잊을 수 없는 짭짤한 바다 내음 같은 스모키한 풍미가 바로 거기서 태어나지요. 이것은 사용하는 피트의 영향이 큰데, 위스키에는 물과 바람, 만들어서 저장하는 환경까지 매우 중요합니다.

그것만이 아닙니다. 증류소에는 위스키 제조에 특화된 증류기, 피트를 태우는 '킬른 탑 (→P.66)'이라고 불리는 시설, 플로어 몰팅(→P.77) 작업을 하는 넓은 공간, 완성된 술을 장기간 보존하기 위해 나무통을 놔두는 셀러 등의 시설이 있습니다. 그리고 그곳에서 일하는 사람들은 작업을 이어받으면서 수십 년, 수백 년에 걸쳐 증류소별로 독자적인 풍미를 추구하고, 제조법을 연구해 왔지요.

장인이 혼을 담아 만든 위스키를 당신이 마실 즈음이면, 이미 그는 이 세상에 없을지도 몰라요. 그 정도로 위스키 제조는 시간이 걸리고 어렵지요. 지금 이 순간에도 각국의 증류소가 호박색 위스키를 계속 만들어내고 있답니다.

대부분의 증류소가 자연으로 둘러싸인 아름다운 땅에 세워져 있지. 증류소에는 몇 가지 시설이 있는데, 그건 다음 페이지에서 소개할게.

증류소 내 시설의 예

몰팅 시설
이곳에서는 몰팅(제맥, 製麥) 작업이 이루어집니다. 몰팅이란 위스키의 중요한 공정 중 하나지요. 보리를 발아시켜 몰트(맥아)로 만듭니다.

창고 ①
몰트를 잘 보관해 두는 창고입니다. 일본의 증류소에서는 해외에서 몰팅된 양질의 몰트가 수입되는 일이 대부분입니다.

메인 시설
메인 시설에서는 술을 빚기 위한 작업을 합니다. 이곳에서는 몰트를 분쇄해서 뜨거운 물과 섞고, 거기서 생긴 보리즙(맑은 보리즙)을 발효조로 보냅니다. 그곳에서 효모를 넣어 이틀에서 사흘 정도 지나면 워시(wash)라고 불리는 산미가 강한 액체가 생깁니다. 그 워시를 증류기에서 가열하여 증류하지요.

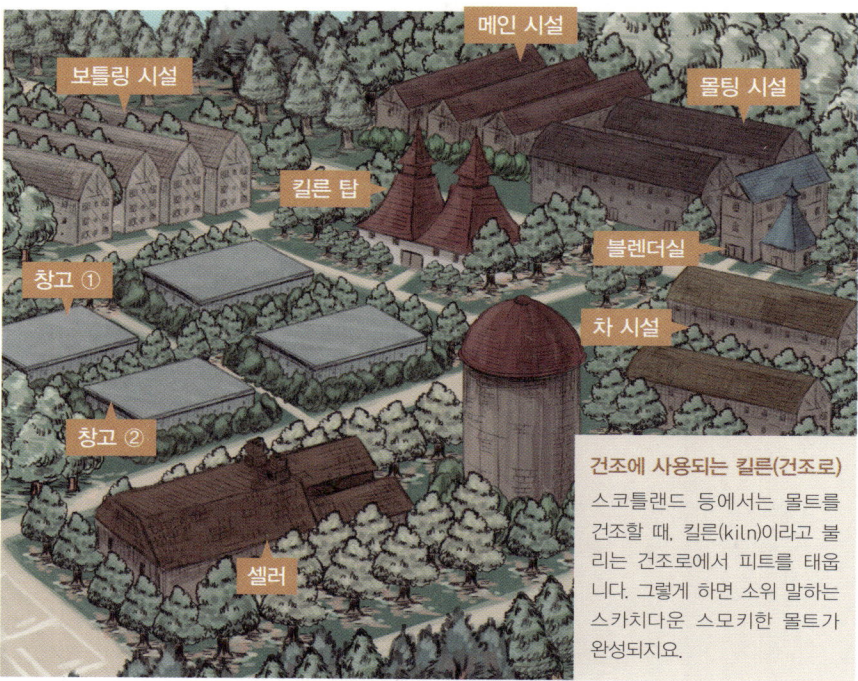

건조에 사용되는 킬른(건조로)
스코틀랜드 등에서는 몰트를 건조할 때, 킬른(kiln)이라고 불리는 건조로에서 피트를 태웁니다. 그렇게 하면 소위 말하는 스카치다운 스모키한 몰트가 완성되지요.

차 시설
제균을 위해 미리 나무통 안쪽을 태우는 것을 '차(char)'라고 합니다. 유럽에서는 나무통을 옆으로 두고, 미국에서는 세로로 둔 채로 차 작업을 합니다.

블렌더실
블렌더가 위스키를 테이스팅 하기 위한 곳입니다. 많을 때는 몇 백 개나 되는 원액을 테이스팅 하는 날도 있어요.

보틀링 시설
위스키의 보틀링은 현재 거의 기계가 하고 있어요. 그러나 지금도 수작업으로 병에 담고 라벨을 붙이는 증류소도 있습니다.

창고 ②
출하 전의 상자를 두는 창고도 있습니다. 여기에는 숙성이 끝나 드디어 출하될 병이 상자에 채워져 있지요.

셀러
셀러에는 나무통이 보관되어 있고, 위스키의 원액이 숙성되고 있습니다. 숙성이 전혀 되지 않은 것을 '뉴 포트(new pot)'라고 해요. 그레인 위스키에서는 '뉴 메이크(new make)'라고 하며, 스코틀랜드에서는 3년 이상의 숙성이 필요하다고 하지요.

증류소의 역사와 발전

증류 방법은 고대 메소포타미아 문명 시절부터 존재했다고 합니다. 그리고 유럽에 전해져 1494년 스코틀랜드의 제임스 4세 국왕이 스코틀랜드의 수도 에든버러에서 위스키를 만들게 했지요. 1579년에 스코틀랜드의 각 지역에서는 전분질 식물을 증류해서 술을 만들기 시작했습니다. 그런데 이에 대해 당시 정부는 '곡물을 너무 많이 사용하여 국가 재정이 파탄 날지도 모른다'라고 우려하여 생산 상한을 정해놓고, 귀족과 신사 계급 이외에는 위스키 제조를 금지했습니다.

위스키 제조는 분명 금지되었지만 몰래 나라 전체에 퍼졌고 1664년에는 이것이 낳는 자금력에 눈독을 들인 스코틀랜드 의회가 과세를 실시했지요.

과세 이외에도 의회는 권력을 이용하여 사적인 증류를 금지하거나 불법 위스키 제조와 소비에 대한 벌금을 걷기도 하고, 세금을 제대로 걷을 수 있도록 각 증류소에 징세관을 파견하기도 했답니다.

그 결과, 스코틀랜드는 비합법적인 위스키가 넘쳐나게 됐지요. 사람들은 셰리주나 와인 통, 항아리 등에 넣은 밀조주를 정원이나 숲속 동굴이란 동굴에 다 숨겨두었습니다.

위스키 밀조업자 역시 꾀를 내어 위스키를 잘 숨겼지요. 성직자인 매그너스 윤손은 대성당 곳곳에 위스키 나무통을 숨기고, 때로는 장례식을 가장하여 관 속이나 조문객 옷 속에 위스키를 숨겨서 징세관의 눈을 피했다고 합니다. '오늘 조문객들은 유난히 뚱뚱한 이들이 많군' 하고 생각했다는 일화는 오늘날의 우스갯소리가 됐답니다.

현재에는 각국의 법률에 따라 국가가 허가한 증류소에서만 자유롭게 위스키가 제조되고 있습니다. 나라에 따라 위스키라고 부르는 데 필요한 원료 비율, 숙성 기간 등의 차이는 있지만, 바로 그런 점으로 인해 나라마다 특색이 있는 위스키가 탄생하는 거랍니다. 최근에는 앞서 소개한 다섯 개 국가 이외에도 인도나 대만산 위스키, 스코틀랜드와 아일랜드 이외의 유럽 각국의 위스키가 세상에 모습을 드러내고 있어요.

자유롭게 위스키를 만들고 마실 수 있게 될 때까지 엄청난 시간이 걸렸군요~.

자, 드디어 막이 열릴 시간이야! 우선 내가 제일 좋아하는 이야기, 비극의 여왕 메리 스튜어트의 일화부터 시작하자고.

위스키에 얽힌 역사 극장
「비운의 여왕 메리 스튜어트」

1542년 12월 9일, 이 이야기의 주인공이자 곧 비극의 여왕이 되는 메리 스튜어트가 태어납니다.

아버지 스코틀랜드 왕 제임스 5세

어머니 프랑스 귀족 출신 마리 드 기즈

당시 스코틀랜드는 잉글랜드와의 전쟁 중이었습니다. 제임스 5세는 메리가 태어난 엿새 후에 전쟁으로 인한 피로로 생긴 병에 의해 세상을 떠났지요.

그 후, 메리는 겨우 생후 7개월의 나이로 스코틀랜드의 여왕이 됐습니다.

스코틀랜드 여왕

적국이었던 잉글랜드의 왕, 헨리 8세는 이때를 노려 자기 아들과 메리의 약혼을 제안합니다.

목적은 당연히 잉글랜드와 스코틀랜드의 합병이 었지요.

부탁해요!

메리의 어머니는 헨리 8세의 횡포로부터 딸을 구하기 위해 고향인 프랑스에 도움을 요청했습니다. 그리고 메리는 여섯 살에 혼자 프랑스 왕 앙리 2세의 양녀로 보내지게 됐지요.

프랑스에서 메리는 양아버지인 앙리 2세의 사랑과 왕실 최고 교육을 받으며 자랐고, '프랑스 왕궁의 꽃'이라고 불릴 정도의 재색을 겸비한 여성이 됐습니다.

왕태자 프랑수아와 가까운 사이가 되어 1558년 4월, 메리는 16세에 프랑수아와 결혼했습니다. 1년 후, 프랑수아가 왕이 됐을 때 메리는 프랑스 왕비가 됐지요.

와아아아

축하받아야 하는 그 날, 메리에게 어머니 마리 드 기즈로부터 한 통의 편지와 축하주가 도착합니다.

메리, 축하한다.
한 번이라도 좋으니 네가 왕비가 된 모습을 보고 싶었어.
내 몸은 이제 말을 듣지 않는단다.
프랑스로 가는 오랜 여행을 버티기가 어려워.
함께 보낸 술은 네 할아버님이신 제임스 4세가 전쟁 중 아일라섬을 방문하셨을 때, 그곳에서 얻은 원액을 가지고 만든 것이야. 스튜어트 가문에서 비밀리에 내려온 술 '위스키'인데, 향이 참 좋단다. 꼭 마셔보길 바란다.

마리 드 기즈

메리는 이 술을 마시면서 눈물을 짓고, 자신은 프랑스 왕비이자 스코틀랜드의 여왕이기도 한 점을 마음에 강하게 새겼다고 해요.

딸그랑...

이듬해 6월, 어머니 마리 드 기즈가 서거. 그리고 1560년에 이번에는 프랑수아가 병으로 급사합니다.

슬픔에 젖은 메리에게 다음 국왕과의 결혼 제안이 도착하지요.

그러나 메리는 이를 거부했습니다. 그녀가 해야 할 일은 딱 하나. 다음은 스코틀랜드의 여왕으로서 조국으로 돌아가 나라를 통치하는 것이었지요.

1561년 8월, 메리는 거의 13년 만에 고향 스코틀랜드로 돌아갔습니다. 총명하면서 뛰어난 아름다움을 지닌 메리는 의연한 태도로 조국의 권력 투쟁을 훌륭히 제압했습니다.

구혼자는 끊이지 않았지만, 그중에서도 메리의 마음을 사로잡은 이는 런던 왕궁 출신의 단리 경, 헨리 (Lord Darnley Henry)였습니다.

두 사람은 곧 결혼했으나 헨리는 제멋대로에다 술버릇이 고약하여, 고함과 폭력적인 언사를 서슴지 않는 남자였습니다. 메리는 헨리를 멀리하게 됐지만, 이미 배 속에는 훗날의 제임스 6세가 있었지요. 술에 절어 있던 헨리는 아기가 자기 아이가 아니라는 망상까지 품게 됐습니다.

무사히 제임스를 출산한 메리였지만, 헨리가 갓 태어난 아기를 없애려 하는 위험을 감지하고, 어쩔 수 없이 시녀에게 맡겨 성에서 멀리 도망치게 했습니다. 자기 자식에게 젖을 물리지도 못했고, 그 후에 메리는 다시는 제임스를 만날 수가 없었지요.

1566년 메리는 국경 근처를 어지럽히는 도적단 퇴치를 위해 국경 경비대와의 회의를 열었습니다. 회의 후, 메리는 경비대 지휘관이었던 보스웰과 성에서 둘이 위스키를 마셨습니다.

보스웰은 스튜어트 가문에서 비밀리에 전해졌다는 위스키의 피트 향을 칭찬하고, 메리는 달콤한 셰리 향에 찬사를 아끼지 않았어요. 이 날 밤을 계기로 두 사람은 연인 사이가 됐지만, 보스웰은 왕이 되고 싶은 야욕이 있었습니다.

물론 허락되지 않는 사랑이 었지만, 순수한 메리는 보스웰과 함께하기 위해서라면 모든 걸 버리고 여왕의 자리마저 필요 없다는 생각을 했습니다. 그러나 그 후에 사건이 터졌지요.

메리의 남편 헨리가 누군가에게 살해당했던 겁니다. 범인은 보스웰이라는 소문이 자자했고, 게다가 이 사건 직전에 메리도 같이 있으니, 그녀도 공범이 아닐까 하는 의심의 눈길이 쏟아졌습니다.

민중들에게 증오의 표적이 되고, 날아오는 돌을 맞으면서도 메리는 사랑을 위해 보스웰과 결혼합니다. 그 일이 더욱 큰 반발을 불러왔지만, 메리는 지위보다 사랑을 선택했고 여왕의 자리에서 물러납니다. 슬픔에 젖은 메리는 모든 것을 잃었지만, 성에서 보스웰을 계속 생각했다고 해요.

메리의 퇴위 후 얼마 가지 않아, 생후 13개월 이었던 제임스가 왕위에 오릅니다.

스코틀랜드에서도 이제 자신이 있을 곳이 없게 된 메리. 그래서 그녀는 그 시기 잉글랜드의 여왕이었던 엘리자베스 1세에게 의지하여 망명 요청을 합니다.

적국이지만 사실은 먼 친척 사이이기도 하여, 전 프랑스 왕비이자 스코틀랜드의 여왕이었던 메리에게 엘리자베스 1세는 특별한 마음이 있었습니다. 하지만 적국의 전 여왕의 망명을 허락한다면 자신의 입지도 위험해지지요.

곤란해하면서도 엘리자베스 1세는 메리를 자기 나라의 오래된 성에 유폐했습니다. 그 후, 메리는 여러 성을 전전했지만, 그때마다 대우는 형편없었지요…….

곧, 잉글랜드 전복을 꾀하던 일파에 의해 함정에 빠진 메리는 엘리자베스 1세의 암살을 획책했다는 용의로 재판에 부쳐집니다.

그럴 수가

?!

당신이야!

아무것도 몰랐던 메리는 제대로 재판도 받지 못하고, 반역죄로 참수형을 선고받습니다. 엘리자베스 1세는 집행장에 사인하지 않고 어떻게든 메리를 구해보려고 했으나, 결국 여왕의 입장을 지키기 위해 어쩔 수 없이 허가를 내렸습니다.

용서해 다오… 메리…

슥…

한겨울에 햇살이 옅게 들어오는 아침

척...

서걱...

단두대에 메리가 나타납니다. 그녀가 두른 검은 새틴 망토, 불타는 듯 붉은 머리칼. 그 큰 키에 기품 넘치는 모습에 군중은 숨을 삼켰습니다. 메리가 가슴 앞에서 십자를 그으며 조용히 기도를 올린 후, 형이 집행됐습니다. 그리고 곧 메리의 붉은 가발이 날아가면서 눈처럼 흰 백발이 드러났다고 합니다.

1603년 엘리자베스 1세가 서거. 같은 해에 스코틀랜드와 잉글랜드의 동군(同君) 연합이 탄생했는데, 그 국왕이 된 이가 메리의 아들 제임스 6세였다고 합니다. 여기에는 엘리자베스 1세의 추천과 유언이 있었다고 하지요.

어머니, 부디 평안히 쉬세요 ...

웨스트민스터 사원

1612년 제임스는 어머니 메리의 묘를 웨스트민스터 사원으로 옮깁니다. 그곳에는 엘리자베스 1세도 잠들어 있었지요. 생전에 만나지 못한 두 명의 여왕이 여기서 처음으로 대면하게 됩니다.

메리의 묘에는 스코틀랜드의 국화인 엉겅퀴 꽃, 그리고 스튜어트 가문에서 비밀리에 전수된 피트 향이 나는 위스키, 그리고 이 말이 바쳐졌습니다. '나는 죽어도 내 영혼은 죽지 않는다'.

메리의 조부인 제임스 4세 시대부터 오늘까지 명맥을 이어 전해진 스튜어트가의 혈통과 위스키 제조 비법이 위스키의 본고장 스코틀랜드의 토대가 됐답니다.

스코틀랜드

위스키 제조에 가장 적합한 땅, 켈트 문화

영국 북부의 스코틀랜드는 홋카이도(남한 면적의 80%)와 땅 크기 및 인구가 거의 비슷합니다.

연간 평균 기온이 12~15℃로, 가장 따뜻한 7월은 약 18℃입니다. 가장 추운 1월에도 약 5℃의 서늘한 날씨여서 위스키 생산에 매우 적합합니다.

추운 기후로 인해 땅이 거의 습지로 뒤덮이지만, 그 습지에서는 원료가 되는 질 좋은 보리와 스카치 위스키에 자주 사용되는 '피트(토탄)'을 풍부하게 얻을 수 있어요. 피트란 식물이 완전히 분해되지 않고, 점토 상태로 쌓인 진흙 형태의 숯입니다. 스카치 위스키를 위한 보리 건조 때 이걸 태우기 때문에 위스키에 특징적인 스모키한 향이 배게 됩니다.

스코틀랜드에서 위스키를 생산하는 증류소는 각지에서 100곳 이상이 되며, 생산 지역에 따라 자연환경도 달라서 맛의 차이도 현저하게 나타납니다. 또한 기본적으로 싱글 몰트여서, 그 지역의 특색이 그대로 풍미에 반영된다는 이유도 있지요.

산지는 크게 여섯 곳으로 나뉩니다.

- '스페이사이드'는 스페이강 주변, 증류소가 집중되어 있는 지역.
- '하이랜드'는 크게 두 개로 나누었을 때 북쪽 지역.
- '로우랜드'는 크게 두 개로 나누었을 때 남쪽 지역.
- '캠벨타운'은 남서쪽에 있는 킨타이어반도 끝에 있는 지역.
- '아일라'는 서해안에 떠 있는 아일라섬.
- '섬 지역'은 아일라섬을 제외한 다른 섬들.

만화에도 나왔던 메리 스튜어트의 할아버지, 제임스 4세가 스코틀랜드의 수도원에서 수도사 존 콜에게 맥아를 주며 '생명의 물(아쿠아 비테, aqua vitae)'이라고 불리는 술을 만들게 했지.

그게 위스키의 기원이 된 거군요!

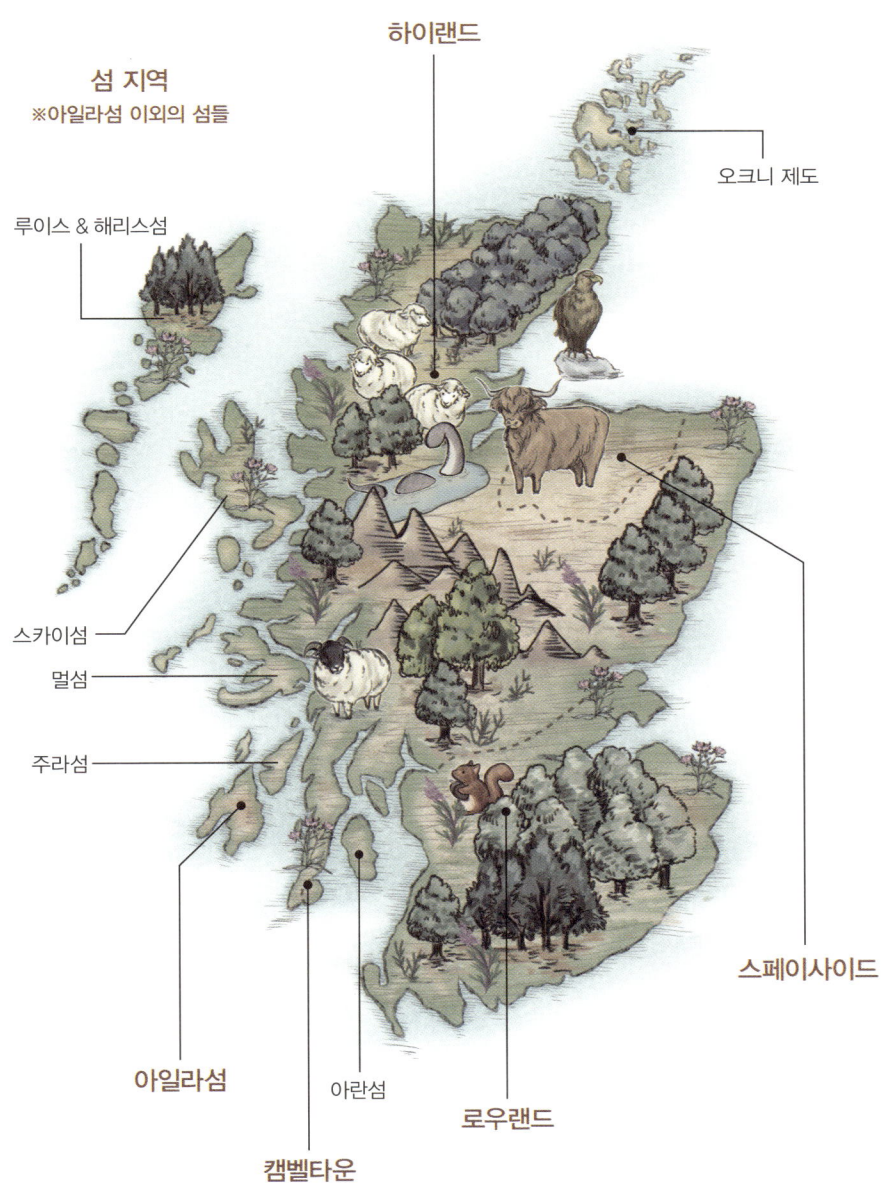

하이랜드

섬 지역
※아일라섬 이외의 섬들

오크니 제도

루이스 & 해리스섬

스카이섬

멀섬

주라섬

스페이사이드

아일라섬

아란섬

로우랜드

캠벨타운

스카치 위스키의 원료 생산에 대하여

주요 원료는 두줄보리

스카치 위스키는 다른 증류소의 위스키를 섞지 않고, 그 증류소에서만 제조된 싱글 몰트 위스키로 잘 알려져 있습니다. 그래서 원료 선택은 매우 중요한 작업이라 할 수 있어요.

보리의 종류에는 1장에서 언급했듯, 크게 두줄보리와 여섯줄보리 두 가지가 있습니다. 위스키나 맥주, 소주의 원료로 사용되는 건 두줄보리라는 품종이지요. '줄'이라는 건 열(列)이라는 뜻으로 두줄보리는 중앙에 두 줄, 여섯줄보리는 중앙에 여섯 줄의 열매를 달고 있기에 그렇게 부릅니다.

현재 스코틀랜드의 보리 생산량은 약 170만 톤입니다. 그중 약 70만 톤이 위스키나 맥주 제조에 사용됩니다.

스코틀랜드는 한랭한 기후지만, 보리 생산이 활성화되어 예부터 가장 중요하게 여겼던 곡물 중 하나였습니다. 가장 오래 전으로 거슬러 가면 석기시대부터 재배되어, 빵이나 맥주 재료로 사람들의 식량이 되었지요. 그 당시의 보리는 대부분 여섯줄보리로, 두줄보리가 생산된 건 비교적 최근입니다.

스코틀랜드의 보리 재배와 제맥 공업은 오랜 세월 동안 이웃 나라인 잉글랜드에 비해 뒤처져 있었습니다. 그러나 골든 프로미스(Golden Promise)라는 두줄보리 품종이 개발됨으로써, 1960년대부터 맥캘란을 비롯하여 훌륭한 위스키가 탄생하게 되었습니다. 현재는 더욱 많은 품종이 생산되어 위스키의 원료가 되고 있지만, 지금도 꾸준히 골든 프로미스 보리밭의 명맥이 이어지고 있습니다.

그리고 두줄보리는 여섯줄보리에 비해 알곡 하나의 크기가 커, 포함하고 있는 전분량이 많기 때문이지.

스코틀랜드의 몰팅

각국 위스키의 원천

원료가 되는 보리를 보리 맥아(몰트)로 만드는 공정을 '몰팅'이라고 합니다.

스코틀랜드의 몰팅은 각지의 증류소가 독자적으로 행하지만, 그 기본은 동일합니다. 우선 보리는 침맥조(浸麥槽)에 넣고 증류소의 독자적인 양조용 물에 담급니다.

48시간 후, 넓은 강당 같은 방에 옮겨서 침맥이 끝난 산더미 같은 보리를 바닥에 넓게 펼쳐요.

이 바닥은 콘크리트로 되어 있고, 방에는 창문이 나 있으며, 벽은 아주 두툼한 나무로 되어 있습니다. 이는 외부 공기의 영향을 피하면서 환기하기 위함이지요.

이런 발아용 방을 몰팅 플로어라고 부르며, 몰팅 중에서도 전통적인 이 제조법을 플로어 몰팅이라고 부릅니다. 그리고 보리를 발아시켜 킬른(건조로)에서 건조시키면 완성됩니다. 건조할 때 피트를 사용하면 스모키한 맛이 들어가게 돼요.

보모어나 라프로익, 하이랜드 파크, 스프링뱅크, 발베니 증류소에서는 지금도 전통적인 플로어 몰팅이 이루어지고 있답니다. 또한 현지에서는 몰트스타(maltstar)라고 하는 몰팅 작업만 하는 업자들이 늘어나고 있다고 해요. 스코틀랜드의 몰트는 아주 높은 평가를 받으며, 각국에서 거래되고 있습니다.

나도 플로어 몰팅 작업을 해본 적 있는데, 어깨가 잔뜩 부었을 정도라니까, 근육통 때문에 몸이 자꾸 수그러드니까 현지에서는 이 모습을 보고 '몽키 숄더'라고 부르지.

스페이사이드

스코틀랜드 최대의 위스키 산지

스페이사이드는 하이랜드 지방 북동쪽에 있는 지역입니다.

그램피안산맥의 풍부한 용천수와 서늘한 기후로 인해 스페이강 주변에는 세계 최다의 위스키 증류소가 세워져 있습니다. 이런 위스키 제조에 적합한 자연환경은 스코틀랜드에서도 매우 드뭅니다.

실제로 스페이사이드에서 위스키를 만들고 있는 증류소는 약 56개. 스코틀랜드 전체 위스키 증류소는 100개가 넘는데, 그중 절반이 스페이사이드에 집중되어 있어 생산지의 황금지대라고 불릴 정도입니다.

스페이사이드에서 만들어지는 싱글 몰트의 선구자로 유명한 '글렌피딕(→P.23)'이나 '글렌리벳(→P.23)' 그리고 국내에서도 인기가 많은 '맥캘란(→P.21)' 등도 스페이사이드에서 만들어집니다. 이들 위스키 증류소는 그리고 스페이사이드 안에서도 일곱 개로 나뉜 구역(리벳, 더프타운, 엘긴, 스페이강 중하류 등) 곳곳에 자리하고 있습니다.

주요 증류소

- ● 맥캘란 증류소
- ● 스트라스아일라 증류소
- ● 글렌파클라스 증류소
- 글렌리벳 12년
- ● 글렌리벳 증류소
- ● 크라겐모어 증류소
- ● 아벨라워 증류소
- ● 발베니 증류소
- ● 글렌피딕 증류소
- 맥캘란 10년

프루티한 맛과 우아함이 매력

증류소가 세워진 스페이강 중하류 지역은 '위스키의 성지'라고 불리며, 세계적으로 유명한 상표의 원액을 만들고 있습니다. 스페이사이드의 중심에 위치하는 '아벨라워(→P.44)'와 조니 워커의 메인 원액을 만드는 '카듀(→P.49)' 등이 여기에 해당하지요.

많은 증류소가 있어서, 증류소에 따라 위스키의 개성이 서로 다릅니다. 한편 스페이사이드이기에 가능한 특징도 있지요. 그건 바로 스카치 위스키 중에서도 가장 화사한 풍미를 가지며, 균형이 잘 잡혀 있다는 점입니다. 그래서 스페이사이드의 위스키는 우아하면서도 플로랄, 프루티하다는 수식어로 표현될 때가 많아요.

또한 균형이 잘 잡혀 있어서, 블렌디드 위스키의 원액으로도 자주 사용되고 있습니다. 대표적인 것이 바로 '맥캘란' 시리즈. 이 위스키는 스페이강 서쪽 연안에 있는 맥캘란 증류소에서 만들어지고 있답니다. 스페인에서 들인 엄선된 셰리 통이 만들어내는 진한 호박색과 과일 케이크 같은 향기가 맥캘란의 특징이지요. 그중에서도 올드 '맥캘란'인 18년은 농후하면서도 고급스럽고, 오렌지 필, 클로브, 대추야자 등의 스파이시한 향이 오래 남는 최고의 위스키입니다.

MEMO

밀조(密造)에 적합한 땅

스페이강은 스코틀랜드에서 가장 흐름이 센 강으로, 연어 낚시를 하는 사람들이 동경하는 지역이라고 합니다. 낚시꾼들은 강가 오두막에 묵으며 낮에는 낚시하고, 밤에는 스페이사이드 지역에서 만든 위스키를 마시며 하루를 즐겁게 보냈다고 합니다.

스페이사이드만이 아니라 하이랜드 지방은 잉글랜드나 로우랜드 같은 도심에서 떨어져 있어요. 또한 산과 계곡이 많은 지형이라 사람들의 눈에 잘 띄지 않아 숨기 좋아서 한때는 밀주의 메카로 번성했습니다.

이름에 '글렌'이라고 들어가는 증류소가 많았지? 이건 아일랜드나 스코틀랜드의 오래된 말인 게일어로 '작은 계곡'이라는 뜻이야. 처음에는 스페이강 유역의 작은 계곡에서 몰래 술을 만들곤 했거든.

하이랜드

킬트(kilt)나 백파이프 등 스코틀랜드 문화 발상의 땅

스코틀랜드의 북부, 스페이사이드 지역을 제외한 일대가 하이랜드인데, 스코틀랜드에서 가장 넓은 땅을 자랑합니다.

하이랜드는 그 이름대로 해발이 높은 지역으로, 등산이나 클라이밍으로 유명한 벤네비스 산과 해리포터 등의 영화 촬영지로 쓰인 글렌코 협곡이 있습니다. 이처럼 풍부한 자연에

글렌모렌지 오리지널

광대한 땅이기도 하지만, 고품질의 풍미가 뛰어난 스카치 위스키를 꾸준히 만드는 중요한 장소입니다.

또한 원래 스코틀랜드에서는 북부와 남부 사이에 민족이나 문화적 차이가 있는데, 하이랜드에서는 이런 점이 현저히 드러난답니다. 예를 들어 킬트나 백파이프, 십자에 원이 둘러쳐진 켈트 십자가, 불 축제 같은 것은 스코틀랜드의 대표적인 독자적 문화지요. 이런 문화는 정확히 하이랜드가 발상지랍니다.

주요 증류소

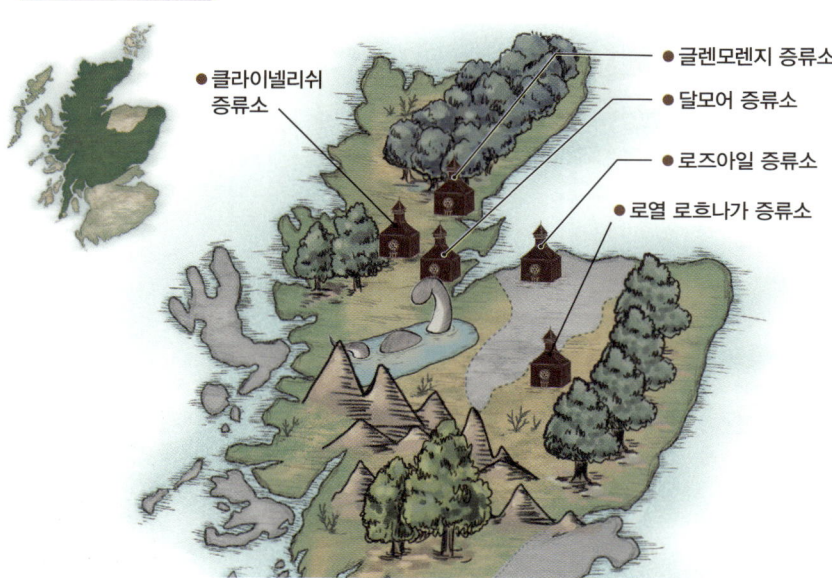

- 클라이넬리쉬 증류소
- 글렌모렌지 증류소
- 달모어 증류소
- 로즈아일 증류소
- 로열 로흐나가 증류소

풍부한 다양성을 가진 위스키 산지

하이랜드에서는 환경이나 문화만이 아니라 위스키도 다른 지역과 구별되는 특징을 갖습니다. 하이랜드 몰트라고 불리는 상표만 해도 대략 40개 정도 되며, 각 증류소가 독자적인 제조법으로 만들기에 위스키 풍미도 다양합니다. 모든 증류소가 독특한 개성을 주장하고 있다고 해도 과언이 아니지요.

예를 들어 유명한 증류소가 일곱 개 모여 있어 '나무통의 선구자'라고 칭해지는 북하이랜드 지역. '글렌모렌지(→P.46)'는 상쾌하고 균형감 있는 풍미가 특징이지만, '풀트니'나 '클라이넬리쉬'는 프루티한 풍미를 갖고 있습니다. '달모어(→P.21)'는 중후한 맛이 특징이지요. 그리고 남하이랜드의 '글렌고인'은 가벼우면서도 마일드한 풍미가 감돕니다.

하이랜드의 위스키는 이처럼 제각각 특색이 있지만, 하이랜드 몰트 전체 특징을 표현하고자 한다면 피트가 비교적 부드럽고 지역 풍토를 살린 위스키라 할 수 있겠습니다.

하이랜드 증류소가 만드는 위스키는 보디감이 큰 게 특징이야!

MEMO

위스키 제조를 견인하는 두 명의 인물

셰리를 잘 다루기로 유명한 달모어의 리처드 패터슨은 세계적으로 뛰어난 후각을 자랑하는 인물로, 최고 수준의 마스터 블렌더(→P.148)라고 평가받습니다. 또한 달모어는 셰리를 생산하는 곤잘레스 비야스 사와 150년 동안 협업해 왔고, 그 관계 덕분에 좋은 셰리 통을 입수할 수 있다고 합니다.

글렌모렌지 증류소에서는 창업 당시 16명의 남자들이 위스키 제조의 전 공정을 담당하고 있었습니다. 현재도 당시의 전통을 지키며 혁신을 꾸준히 이어나가는 이 장인들은 'Man of Tain'이라고 부릅니다. 마스터 블렌더인 빌 럼스던 박사는 '발효생리학' 박사로, 1995년에 증류소 책임자로 취임한 이후 25년 이상 '야생 효모'의 사용 등 최신 실험을 거듭하는 위스키계의 귀재입니다.

로우랜드

주류세로 고생하다 쇠퇴하게 된 지역

남부의 로우랜드는 그 이름대로 저지대가 많은 지역입니다. 하이랜드보다 땅이 좁지만, 기후가 온화하고 원료인 작물이 풍부하게 자라는 곳이지요. 잉글랜드와 접해 있는 데다 수도인 에든버러, 글라스코 같은 대도시도 있어서 인구수는 하이랜드보다 몇 배나 됩니다. 그래서 한때는 위스키 제조가 성행했던 곳이었지요. 그런데 1644년 스코틀랜드 정부가 위스키세를 도입하고, 세율을 점차 높이자 상황은 완전히 달라지고 맙니다. 세금을 내고 싶지 않았던 위스키 제조자들이 로우랜드를 떠나 북상했고, 스페이사이드나 하이랜드의 협곡에 숨어 밀조주를 만들게 됩니다. 그 결과, 하이랜드의 증류소는 증가했고 스코틀랜드 최대의 위스키 생산지로 발전하게 됐지요.

반대로 로우랜드의 위스키 제조는 쇠퇴했고, 예전에는 존재했던 '레이디번'은 9년간 위스키를 제조하고 문을 닫았고, '로우랜드의 왕'이라고 불렸던 '로즈뱅크'도 도산하고 말았습니다.

주요 증류소

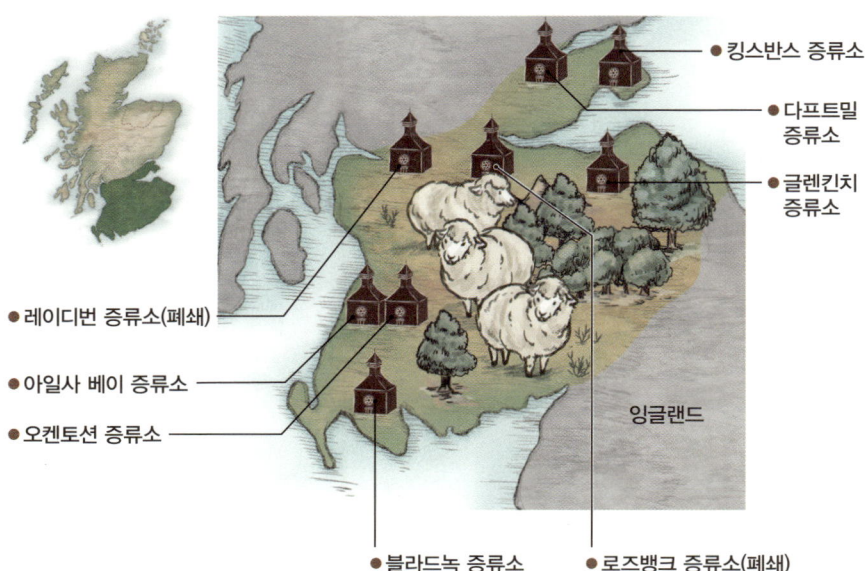

- 킹스반스 증류소
- 다프트밀 증류소
- 글렌킨치 증류소
- 레이디번 증류소(폐쇄)
- 아일사 베이 증류소
- 오켄토션 증류소
- 잉글랜드
- 블라드녹 증류소
- 로즈뱅크 증류소(폐쇄)

3회 증류를 통한 가벼운 맛

일반적으로 2회만 하는 증류를 로우랜드 몰트는 3회까지 합니다. 완성된 위스키는 개성 넘치는 하이랜드 위스키에 비해 맥아에서 풍겨 나오는 가벼운 풍미가 특징입니다. 그러나 바꿔 말하자면, 너무나도 가벼워서 특징이 뚜렷하지 않아 하이랜드 몰트만큼이나 풍미에서 앞서질 못해 싱글 몰트로 마시기에는 다소 부족했습니다. 한편 이 가벼운 맛에 착안한 인물이 있었습니다. 에든버러에서 주류 사업을 하던 앤드류 어셔라는 사람이었지요. 그는 후에 앤드류 어셔 상회라는, 1864년 이후 전 세계적으로 글렌리벳의 대리점이 될 회사를 운영했습니다. 1870년경에 그는 로우랜드산의 가벼운 그레인 위스키에 개성 풍부한 몰트 위스키를 블렌드하는 방법을 생각해 냈습니다. 네, 이게 바로 블렌디드 위스키의 탄생이었습니다.

상표에 따라서는 개성이 지나치게 강한 몰트 위스키의 풍미를 그레인 위스키가 중화함으로써 누구나 편하게 마실 수 있는 맛이 됐지요. 그 결과, 스코틀랜드의 블렌디드 위스키는 세계 곳곳으로 퍼져 나가, 많은 사람들의 사랑을 받는 위스키가 됐습니다.

발렌타인

> **MEMO**
>
> **와인 생산의 급감과 위스키의 대두**
>
> 19세기 중반, 프랑스에서 대규모 발생한 해충, 포도나무뿌리진디(필록세라, phylloxera)의 영향으로 인해 와인의 원료인 포도가 큰 피해를 입었습니다. 그 피해로 8만 킬로리터 이상이던 와인 생산량이 겨우 4년 만에 3분의 1로 줄 정도였지요. 이렇게 와인과 브랜디가 파멸에 가까워지자, 술 애호가들은 위스키를 선택하게 됐고 세계적으로 전성기를 맞이하게 됐습니다.

블렌디드 위스키를 대표하는 상표라면 역시 발렌타인이지!

캠벨타운

수출에 유리한 항구도시

하이랜드 지방의 서쪽에 자리한 아가일 지방에는 바다를 향해 불쑥 튀어나온 것처럼 가늘고 길게 뻗은 킨타이어반도가 있습니다. 그 반도 끝에 있는 곳이 바로 캠벨타운입니다. 인구 5천 명 정도의 항구도시지만, 한때는 잉글랜드 지방의 뒤를 이어 위스키 생산의 중심지이자 서른 곳이 넘는 증류소에서 위스키를 만들던 곳입니다. '닛카 위스키'의 창업자인 다케쓰루 마사타카가 연수를 와서 머물렀던 헤젤번 증류소도 캠벨타운에 있습니다.

이 지역에서 생산된 위스키는 항구도시의 이점을 살려 배를 이용해 대량으로 미국에 수출됐습니다. 그러나 미국은 금주법 시대였기에 밀수가 횡행했지요. 그래서 술의 질에는 전혀 신경 쓰지 않았습니다. 그 결과, '캠벨 위스키 = 조악한 위스키'라는 이미지가 정착되고 말았지요. 금주법이 사라진 후에도 이 마이너스 이미지는 불식되지 않아서 캠벨타운에서의 위스키 생산은 점차 쇠퇴하게 됐습니다.

주요 증류소

스프링뱅크 11년

● 글렌스코시아 증류소
● 글렌가일 증류소
● 스프링뱅크 증류소

몰트의 향수라고 하는 달콤한 향의 위스키

한때는 두 곳까지 줄어든 증류소였지만, 2000년대에 들어서면서 80년 만에 글렌가일 증류소가 사업을 재개했습니다. 현재는 '스프링뱅크(→P.122)'와 글렌스코시아까지 세 개의 증류소가 가동 중입니다.

캠벨타운 위스키는 아일라 위스키만큼 강하지는 않지만, 피트 향이 적당히 감도는 힘찬 풍미를 갖고 있어요. 그리고 바닷가 증류소이기에 가능한 짭짤한 풍미도 있습니다. 위스키 제조에 있어 습도는 중요한 요소 중 하나입니다. 캠벨타운의 주변은 해안선이 복잡하게 얽혀 있어서 안개가 자주 발생하지요. 그 안개가 위스키의 풍미에 영향을 주는 것일지도 모릅니다.

다른 증류소가 쇠퇴하는 중, 유일하게 건실히 위스키를 만들고 있는 증류소가 바로 스프링뱅크입니다. 인근 언덕에 있는 크로스힐 호수와 부지 내의 물을 사용하고, 맥아 제조는 모두 전통적인 플로어 몰팅으로 합니다. 몰팅부터 보틀링까지 위스키 제조를 일관되게 진행하는 증류소이며, 이렇게 일관적으로 위스키 제조를 하는 곳은 스코틀랜드 전체를 통틀어도 몇 곳밖에 되지 않습니다. 스프링뱅크 증류소는 독특하게 2.5회 증류를 하는 방식을 취합니다. 증류소도 예전 그대로의 모습으로, 그들은 '우리는 100년 전의 제조법을 그대로 이어가고 있다'라고 말합니다. 이처럼 깊은 전통과 정성 속에서 태어난 위스키는 짭짤하면서도 상큼하고 달콤한 향을 겸비해서 '몰트의 향수'라고 칭하기까지 합니다.

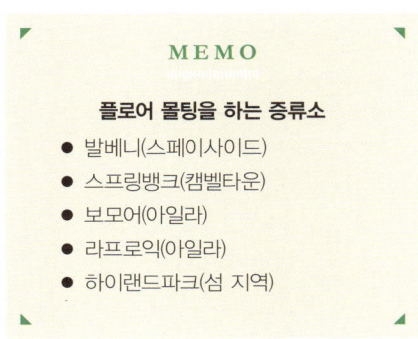

> 한때는 스프링뱅크에서 증류소 체험을 할 수 있었어. 나도 거기 가서 일도 해봤거든! 너무 힘들긴 했지만 위스키 제조자의 훌륭한 작업 공정을 잘 배울 수 있었지.

MEMO

플로어 몰팅을 하는 증류소

- 발베니(스페이사이드)
- 스프링뱅크(캠벨타운)
- 보모어(아일라)
- 라프로익(아일라)
- 하이랜드파크(섬 지역)

아일라

아이오딘 향을 탄생시키는 피트가 많이 나는 섬

스코틀랜드의 서해안, 크고 작은 수백 개의 섬이 이어지는 헤브리디스 제도. 그 최남단에 있는 곳이 바로 아일라섬입니다. 대지의 4분의 1이 피트(토탄)로 뒤덮여 있어 위스키 제조에 가장 적합한 땅이지요. 그런데 이 아일라의 피트가 독특합니다.

아일라섬에는 현재 열 곳의 증류소가 있고, 그중 일곱 곳이 파도가 금방이라도 덮칠 것 같은 아슬아슬한 해안선에 자리합니다. 아일라에서는 어떤 증류소건 셀러(창고)에도 흑곰팡이가 나 있습니다. 이 흑곰팡이가 흑효모를 만들어, 위스키의 풍미를 살리는 것이지요. 흑곰팡이가 핀 셀러의 위스키는 맛있다고 합니다.

풍미는 스카치 몰트 위스키 중에서도 가장 스모키하다고 합니다. 일반적인 피트 향과는 다른, 이 해조와 바다 향을 가지고 '아이오딘 향'이라고 부릅니다. '라프로익(→P.22)'처럼 남쪽에 있는 증류소는 이 아일라 특유의 개성이 특히 잘 살아 있는데, 북부로 갈수록 이런 경향이 줄어서 섬의 중간에 위치하는 보모어는 피트와 아이오딘 향이 둘 다 적당한 수준으로 낮춰져 있습니다.

또한 위스키의 연구로 잘 알려진 알프레드 버나드가 '라프로익'의 증류 담당자에게 바다가 향기에 영향을 주는지 묻자 '전혀 그렇지 않다'라고 답했답니다. 즉, 그 바다 느낌의 스모키한 향은 모두 피트에 의한 것이라는 뜻입니다.

옛날에는 위스키를 배로 운반해서 아일라섬의 증류소는 해변에 많아. 해변의 증류소의 아래쪽을 보면 흑곰팡이가 잔뜩 붙어 있지.

아드벡 10년

라프로익 15년

킬호만 증류소

부나하벤 증류소

아드나호 증류소

쿨일라 증류소

브룩라디 증류소

보모어 10년

라가불린 증류소

포트 엘렌 증류소

아드벡 증류소

보모어 증류소

라프로익 증류소

섬 지역

일곱 개의 섬이 가진 개성이 일곱 가지 풍미에 나타난다

섬 지역은 스코틀랜드의 북쪽 해안에서 서쪽 해안까지 위치하는 오크니 제도, 스카이섬, 멀섬, 주라섬, 아란섬, 루이스&해리스섬까지 일곱 개의 섬으로 이루어진 지역으로 증류소는 일곱 곳이 있습니다.

오크니 제도의 증류소 중 하나인 하이랜드 파크는 1798년에 창업했지만, 섬 지역에서는 2000년에 들어서면서 가동을 시작한 증류소도 있고 새로운 증류소 설계 계획이 있는 등 현재도 활발한 움직임을 보이는 지역이지요. 특징적인 풍미를 가진 위스키로는 '탈리스커(→P.45)'가 있습니다. '후추의 풍미가 혀 위에서 폭발한다'라는 자극적인 맛으로 잘 알려지면서, 위스키 마니아들을 끌어들이고 있지요.

섬 지역은 섬마다 각각의 환경과 역사가 상당히 다릅니다. 스카이섬이나 멀섬의 위스키는 피트 향이 강한 것이 많아 해안가의 증류소다운 풍미를 갖지만, 주라섬이나 아란섬의 증류소에서 만들어진 상표는 하이랜드 위스키에 가까운 프루티한 풍미입니다. 또한 아란섬에서도 최근 새로운 증류소가 세워졌어요.

MEMO

스카이섬에 얽힌 이야기

탈리스커 증류소가 있는 스카이섬의 던베건성은 역사적 가치와 주변의 아름다운 자연환경으로 국내외 불문하고 인기가 많은 관광지입니다. 스카이섬에는 옛날 플로라라는 귀족 여인이 컬로든 전투에서 패하고 도망친 '보니 프린스 찰리(사랑하는 찰리 왕자)' 즉, 찰스 에드워드 스튜어트를 여장시켜 섬에서 탈출시켰다는 일화가 있어요. 두 사람이 마지막 잔을 나눈 곳이 던베건성입니다. 찰스는 본인의 고수머리와 펜던트를 남기며 '꼭 돌아오겠다'라는 말을 플로라에게 남긴 후, 프랑스로 향했습니다. 그러나 이후 둘은 만나지 못하고, 플로라는 지금도 찰스가 잤던 시트에 싸인 채 묘지에 잠들어 있다고 합니다.

> 스카이섬의 만을 둘러보면 아름다운 고성도 보이고, 풍요로운 자연 속에서 노니는 바다표범을 볼 수 있지. 아주 멋진 곳이야.

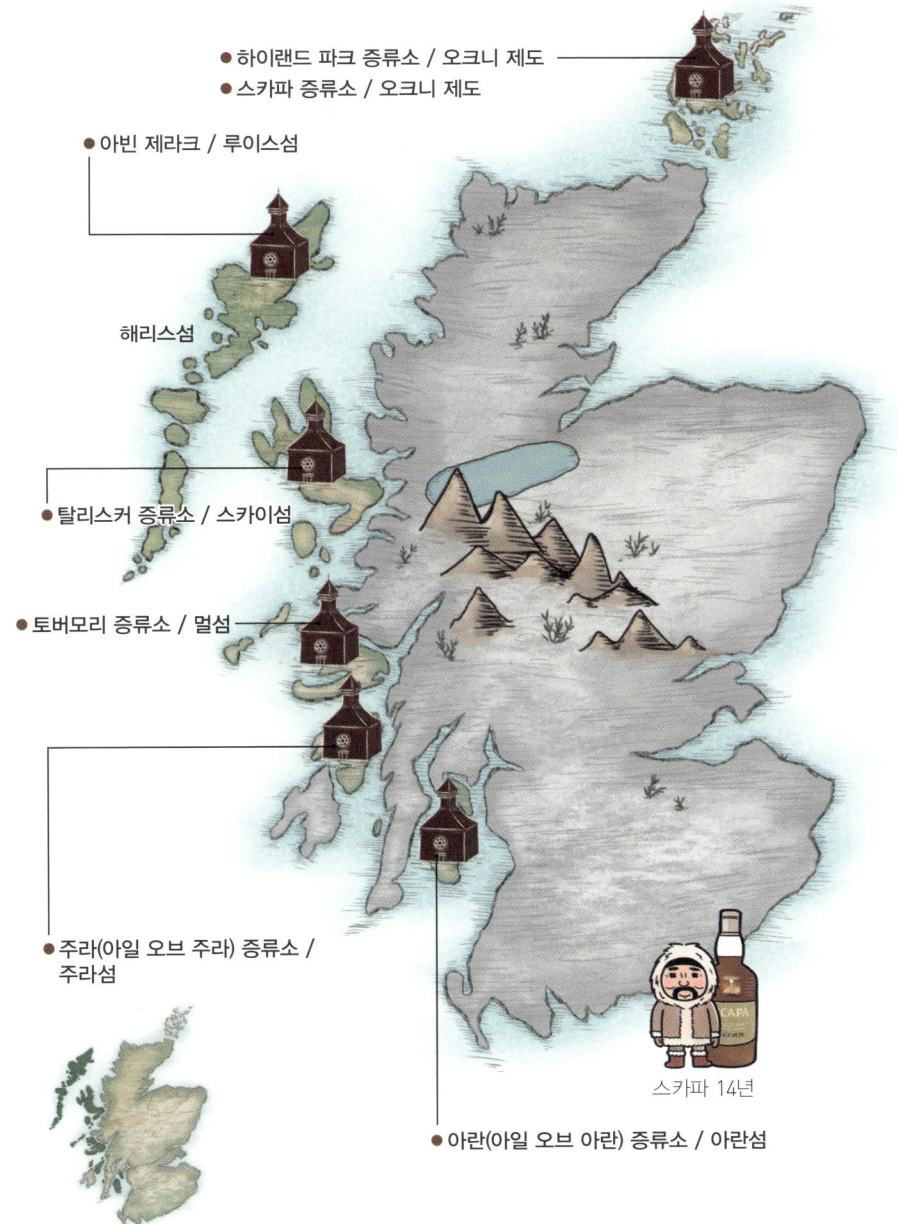

● 하이랜드 파크 증류소 / 오크니 제도
● 스카파 증류소 / 오크니 제도

● 아빈 제라크 / 루이스섬

해리스섬

● 탈리스커 증류소 / 스카이섬

● 토버모리 증류소 / 멀섬

● 주라(아일 오브 주라) 증류소 / 주라섬

스카파 14년

● 아란(아일 오브 아란) 증류소 / 아란섬

아일랜드

수많은 증류소가 있었던 위스키 발상의 땅

잉글랜드와 웨일스의 서쪽 해안 앞바다에 떠 있는 것이 바로 아일랜드입니다.

북대서양 해류(멕시코 만류)의 영향으로 항상 온난한 기후인 점, 높은 산이 많지 않아 눈이 별로 내리지 않아서 1년 내내 푸르름을 유지하고 있는 곳입니다.

남쪽의 약 6분의 5를 점하는 아일랜드 공화국, 그리고 나머지 북부, 영국령의 북아일랜드로 나라와 문화 및 종교가 분리되어 있지만, 위스키에 관해서는 통일되어 있어서 '아이리시 위스키'라고 불립니다.

위스키 제조의 역사는 스코틀랜드보다 오래됐고, 위스키의 발상지라고도 합니다. 한때 섬의 주요 도시 대부분에 증류소가 있었고, 그 수는 무려 2천 개 이상이었지요. 생산량도 세계 제일을 자랑했으며, 생산된 아이리시 위스키는 섬 중앙 동쪽 해안에 있는 더블린항에서 미국을 비롯한 세계 각국으로 수출됐습니다.

그러나 1920~30년대의 금주법이 끝나자, 아이리시 위스키의 평판이 나빠지면서 증류소는 점차 폐쇄됩니다. 현재는 미들턴 증류소 등 세 곳만 남아 있을 뿐이지만, 최근 빅토리아 시대부터 변하지 않고 이어지는 아일랜드 전통적 제조법이 재평가되면서 킬베간 증류소 외에 새로운 증류소도 생겼답니다.

아일랜드는 홋카이도보다 큰 땅을 갖고 있고, 기네스 맥주의 발상지로 유명한 곳이지. 창립자인 아서 기네스는 9000년이나 되는 기간의 '물을 자유롭게 이용할 권리'를 구매해 증류소를 시작했다고 하지.

잡맛이 없고 깔끔하며 가벼운 위스키

아일랜드의 전통적인 위스키는 몰트에 발아하지 않은 보리가 들어간 위스키입니다. 일반적인 몰트 위스키에서는 발아한 몰트가 원료가 되지요. 아이리시 위스키는 20세기 전반까지는 몰트나 미발아 보리 외에도 밀이나 호밀, 오트밀, 메귀리 등의 곡물도 넣었다고 합니다. 이런 곡물을 수차로 갈아서 원료로 삼았던 것이지요.

아일랜드에서는 이 원료로 만들어진 발효 덩어리를 스코틀랜드의 증류소보다 더 큰 포트 스틸(→P.141)에서 3회 증류합니다. 이로써 잡맛이나 냄새가 줄어들며, 증류 후의 알코올 도수는 80% 이상이 됩니다. 또한 아일랜드의 증류소 대부분에서는 20세기 전반까지 길게 고심한 끝에 피트를 쓰지 않게 됐습니다. 그래서 소위 말하는 스모키한 피트 향은 없고, 프루티하고 오일리한 풍미가 있는 게 아이리시 위스키의 특징입니다. 아일랜드에서는 전통적인 아이리시 위스키 말고도 2회 증류로 이루어지는 몰트 위스키나 그레인 위스키, 블렌디드 위스키도 만들어지고 있어요.

부쉬밀 블랙 부쉬

주요 증류소

● 부쉬밀 증류소

● 쿨리 증류소

● 킬베간 증류소

● 미들턴 증류소

캐나다

알 카포네도 드나든 위스키 산지

캐나디안 위스키를 이야기할 때, 이웃 나라인 미국과의 관계와 역사는 떼려야 뗄 수가 없습니다. 그럴 수밖에 없는 게 캐나다에서 위스키가 만들어지게 된 시기가 1776년이고, 미국 독립에 반대한 미국 동부의 영국계 주민 일부가 국경을 넘어 오대호 주변으로 이주하여 곡물 재배를 시작한 것이 기원이기 때문입니다. 곡물 재배는 순조롭게 이루어져 대규모 제분소가 건설됩니다. 그러자 그 공장 일부에서 위스키 제조도 이루어지게 됐지요.

1920년부터 약 13년 동안 이어진 금주법 시대에서는 술의 생산이나 판매가 금지됐기에 미국 증류소는 차례로 문을 닫았습니다. 그러나 술을 마시는 것 자체는 규제 대상이 아니었기에 술을 마시고 싶은 미국 국민을 위해 캐나디안 위스키가 주목을 받았고, 생산량이 증가했습니다. 판매는 불법이었지만 알 카포네 등의 마피아나 갱이 대량으로 밀수해서, 캐나다는 미국의 위스키 저장고로서 발전하게 됩니다. 스코틀랜드에 이어 당시에는 세계 2위의 위스키 산지로까지 성장합니다. 이와 같은 역사로 인해 캐나디안 위스키 증류소의 대부분이 미국 국경에 접해 있습니다. 예를 들어서 가장 유명한 증류소라고 하는 하이럼 워커는 디트로이트시의 맞은편, 디트로이트강만 건너면 바로 앞에 위치해 있어서 알 카포네도 자주 드나들었던 곳이라고 합니다.

MEMO

금주법 시대에 유행한 상표

알 카포네는 금주법 시행 중에 위스키 밀수입을 했습니다. 밀수선의 선장을 '리얼 맥코이'라고 불렀는데, 그가 가지고 오는 위스키는 맛도 좋고 진품이라는 말이 돌았다고 합니다. 그런데 그 위스키는 무려 영국 왕실 전용 업체인 베리 브라더스 앤 러드(BB&R)의 커티삭이었다고 하지요. 왕실 전용 위스키가 밀수를 위해 만들어졌다니 참 아이러니한 일이 아닐 수 없습니다.

스파이시한 풍미와 담백한 맛의 위스키

캐나디안 위스키에는 베이스 위스키와 플레이버링 위스키, 블렌디드 위스키라는 주된 세 종류의 위스키가 있습니다.

베이스 위스키는 옥수수가 주원료로, 알코올 도수가 높고 담백한 맛이 특징입니다.

플레이버링 위스키는 호밀이나 보리가 원료인데, 호밀에서 유래한 향과 스파이시함이 돋보이는 위스키입니다.

그리고 담백한 풍미의 베이스 위스키와 개성적인 향기인 플레이버링 위스키를 블렌드한 것이 바로 캐나다의 블렌디드 위스키입니다.

일반적인 캐나디안 위스키는 거의 이런 블렌디드 위스키이며, 규정도 엄격하지 않아서 캐나다산 이외의 위스키를 9.09%까지 배합할 수 있습니다.

또한 미국에서 가장 많이 소비되는 위스키이기도 하며, 가벼운 풍미가 많은 사람들을 매료시키고 있답니다.

캐나디안 클럽 클래식 12년

주요 증류소

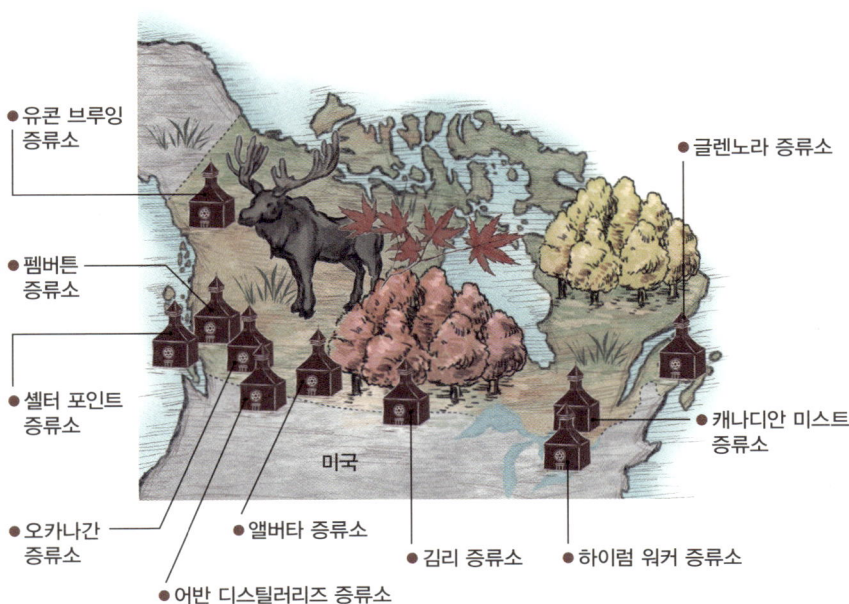

- 유콘 브루잉 증류소
- 글렌노라 증류소
- 펨버튼 증류소
- 셸터 포인트 증류소
- 캐나디안 미스트 증류소
- 미국
- 오카나간 증류소
- 앨버타 증류소
- 김리 증류소
- 하이럼 워커 증류소
- 어반 디스틸러리즈 증류소

위스키에 얽힌 역사 극장
「밀조주와 금주법 시대를 거쳐서」

미국 독립 전쟁 후인 1789년, 초대 미국 대통령으로 취임한 워싱턴이 시행한 정책 중 하나로 과세 제도가 있었습니다.

술로 돈을 회수하자

전쟁으로 피폐해진 나라를 위해 돈이 필요했는데, 그중에는 주조세도 있었지요.

전쟁 시에 함께 싸웠던 위스키 제조자들은 이에 반발해서 켄터키주와 테네시주로 도망쳐 버렸습니다. 그곳에는 광대한 밭에서 자라는 엄청난 양의 옥수수가 있었지요. 그곳에서 제조자들은 그때까지 주류였던 호밀로 만드는 라이 위스키에서, 새롭게 옥수수를 주원료로 하는 버번 위스키를 만들기 시작했습니다.

물론 정부에 들켜 과세를 당하지 않도록 몰래 술을 만들었지요, 밤에 달빛을 받으며 위스키를 만드는 그 모습을 두고

그 제조자들을 '문샤이너(moonshiner, 달빛치기)'라고 불렀습니다. 그게 버번과 테네시 위스키의 시작이랍니다.

시간은 흘러 남북전쟁 후인 1863년, 아무도 세금을 내지 않았던 위스키 업계에서 16세라는 어린 나이의 잭 다니엘이 경영주로 있는 증류소가 정부에 세금을 내어 처음으로 정부 공인 증류소가 됩니다.

잭 다니엘 (16)

두둥

정부 공인 증류소
공인

잭은 이미 주류세가 매겨지고 있는 스코틀랜드를 보고, 미국도 이제 곧 시간문제라 여겨 선수를 친 것입니다. 그 덕분인지 테네시 위스키 '잭 다니엘스'의 지명도는 폭발적으로 올라갔습니다.

JACK DANIEL'S
No7
Jenny
WHISKEY

그 후, 이번에는 금주법 시대가 찾아옵니다. 금주법은 1920년부터 1933년까지 법률로 알코올 제조 및 판매, 유통을 금지한 법이에요. 이렇게 하면 주정뱅이에 의한 문제나 술에 빠져 타락해 사는 사람들이 사라지고, 모두 근면하게 일하는 좋은 나라가 될 것이라고 생각해서 제정됐습니다.

제조   판매
유통

주정
뱅이도
줄어서
다들
근면해
지겠지

물론 그런 법률이 잘 효과를 발휘할 리가 없지요. 제조, 판매, 유통은 금지. 즉, 반대로 따지자면 마시는 것만큼은 괜찮다는 뜻이 됐습니다. 사람들은 더욱 알코올을 갈구하게 됐지요.

그 결과, 조악한 밀조주로 건강을 망치는 일이 잦았고, 사재기가 발생하는 등 더욱 문제가 이어졌습니다. 그때 떠오른 것이 바로 미국 마피아와 갱입니다.

불법 밀수, 암시장,
비밀 주점 등의 수요가
증가하고, 이를 관리했던
이들이 갱들이어서
더더욱 부패가
심해졌습니다. 그 시대
주인공이 됐던 이가
바로 갱들의 우두머리,
알 카포네였습니다.

알 카포네는
위스키 밀수로
막대한 부를
쌓았습니다.
당시에 스코틀랜드
에서 블렌디드
위스키 '커티삭'이
만들어졌지요.
커티삭은
스코틀랜드에서
서인도 제도의
바하마로 수출되고
있었습니다.

거기에 눈독을
들인 알 카포네를
비롯한 갱들은
남카리브
해상에서 미국행
배에 커티삭으로
바꿔치기를 해서
밀수를
벌였습니다.
그것도 커티삭
납품업체의
선장인 맥코이의
협조를
받으면서요.

대부분이 조악한
위스키들만
있던 와중에
커티삭만큼은
진짜 위스키였고,
맥코이도
갱들에게
'리얼 맥코이'라는
별명을 들으며
귀한 대접을
받았습니다.

게다가
뇌물로 경찰,
재판소의
배심원,
정치가까지
매수한
알 카포네는
더는
무서울 게
없었습니다.

1931년 금주법이 사라지기 2년 전까지 알 카포네의 시대는 계속 이어집니다. 그러나 대통령의 특명을 받은 조사관들의 활약 덕분에 알 카포네는 드디어 체포 되었습니다.

그 후, 판결에 따라 알 카포네는 복역형에 처하게 됩니다. 알카트라즈 형무소로 이송되어, 나중에 출소했지만 병으로 인해 몸은 엉망진창이었지요. 결국 뇌졸중과 폐렴을 앓다가 사망했습니다.

금주법 폐지

1933년, 프랭클린 루스벨트 대통령에 의해 금주법은 폐지 됐습니다.

술은 예전부터 인간이 만들었고, 인간이 키우고 즐기면서 문화가 됐으며 그 역사와 함께 발전했습니다.

그걸 법률로 제어하려고 한 게 큰 실수가 아니었을까요? 현재 미국에서는 600곳 이상의 위스키 증류소가 세워져 있습니다. 만약 우리도 금주법이 성립됐더라면… 생각만 해도 무섭네요.

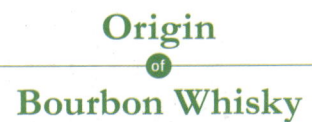
미국

금주법에도 지지 않는 개척자들의 지혜와 연구

미국에서 최초의 위스키 제조는 18세기 초반, 스코틀랜드와 아일랜드에서의 온 이주자들에 의해 시작됐습니다. 그들은 처음에 미국에 풍부하게 자라던 호밀을 원료로 한 라이 위스키를 만들었지요.

1775년 미국 독립 전쟁이 발발했고 종전 후인 1791년, 전쟁에 승리한 초대 미국 대통령 조지 워싱턴이 이끄는 정부가 위스키에 세금을 매기기로 합니다. 전쟁으로 피폐한 경제를 살리려는 목적이었지만, 이에 대해 각지의 제조자들이 반대하여 일으킨 1794~95년에 일어난 대규모 폭동을 '위스키 전쟁'이라고 불렀습니다. 그 후, 제조자들은 과세에서 벗어나기 위해 켄터키주나 테네시주로 이주했는데, 그곳에 있던 곡물이 바로 옥수수였지요. 그들은 옥수수로도 위스키를 만들게 됐습니다. 이게 바로 버번 위스키의 탄생이었지요.

버번 위스키의 생산은 20세기 초반에 황금기를 맞이했지만, 이번에는 금주법이 제정되어 증류소가 차례로 문을 닫는 사태가 벌어졌습니다. 1933년 금주법이 폐지될 때까지의 시기는 미국 위스키에 있어서는 그야말로 암흑시대였습니다. 그래도 수많은 위스키가 현재까지 남아 있는 건, 시련이 닥쳤을 때마다 개척자들이 그 지혜와 연구를 거듭하여 후세에 전한 결과 덕분이겠지요.

독립 전쟁 때, 아홉 명 중 한 명은 긴 장화에 최신식 총을 가진 영국군에 비해 미국군은 괭이와 가래를 들고 싸웠다지. 그래도 어떻게 승리를 했지만~.

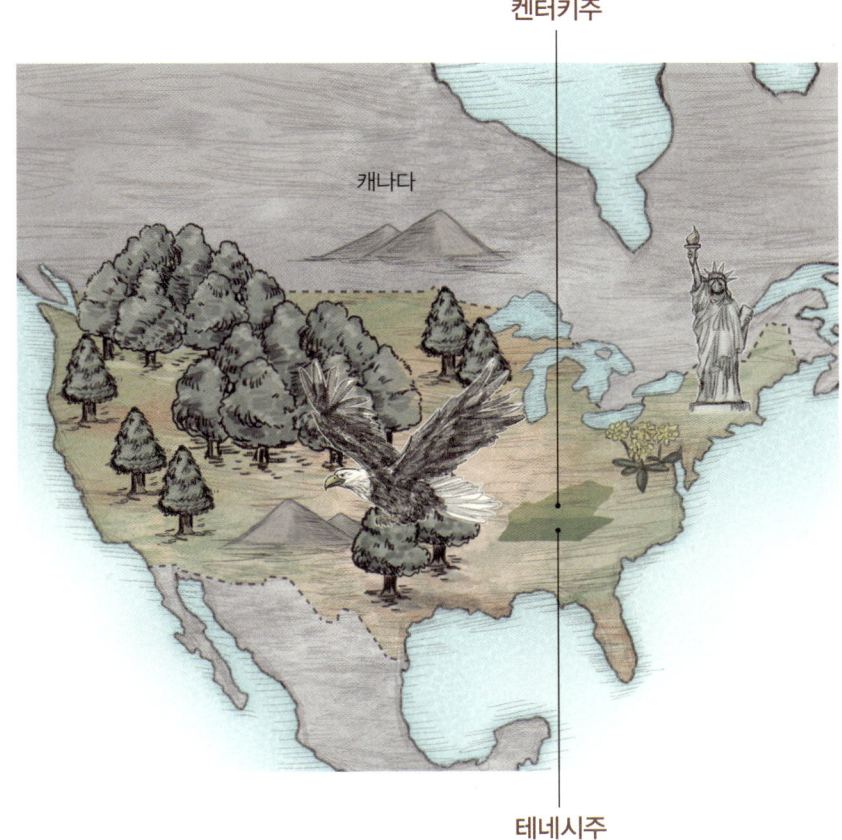

켄터키주

캐나다

테네시주

몇 종류의 곡물에서 만들어지는 다양한 위스키

곡물이 풍부하게 자라는 미국에서는 옥수수를 주원료(51% 이상 사용)로 하는 버번 이외에도 호밀을 주원료로 한 라이 위스키, 밀을 주원료로 한 위트 위스키, 옥수수 80% 이상을 원료로 한 콘 위스키 등도 만들고 있습니다.

또한 버번 위스키란 켄터키주에서 만들어진 위스키만을 가리키며, 테네시주에서 만들어진 위스키는 테네시 위스키, 그 일부의 주에서 만들어진 위스키까지 포함해 미국에서 만들어진 위스키를 모두 지칭해서 아메리칸 위스키라고 부릅니다.

켄터키주

그을린 나무통으로 독특한 풍미를 만들어낸다

켄터키주는 옥수수가 잘 자라는 석회암층 토양이 있는 것으로 잘 알려져 있습니다. 버번은 그 옥수수를 주원료로 하여 밀, 호밀, 보리 같은 곡물을 더해 만들어지는, 미국에서 가장 유명한 위스키입니다. 미국 위스키 생산량의 절반 가까이를 점하며, 95% 정도가 켄터키주에서 제조되고 있습니다.

버번의 옥수수 비율은 70%인 경우가 많고, 비율이 높으면 높을수록 달콤하고 부드러운 풍미가 됩니다. 호밀의 비율이 많으면 오일리하고 스파이시한 맛이 생깁니다. 또한 양조용 물로 연수를 사용하는 스카치 위스키와는 달리, 라임스톤 워터라고 불리는 알칼리성 경수를 사용합니다. 호밀 대신 밀을 사용하면 부드럽고 순한 맛을 낼 수 있다고 합니다.

나무통에도 특징이 있습니다. 나무통 안쪽을 바짝 태운 새 오크통(→P35)을 사용하는 것이 의무화되어 있기 때문입니다. 그리고 그 태운 나무통이야말로 버번 특유의 힘찬 풍미를 만들어내는 것이지요.

'차' 작업 기술을 갈고닦은 네 개의 증류소

'버번을 숙성시키는 나무통은 새 아메리칸 화이트 오크를 사용해야 한다'라고 버번을 정의하는 '연방 알코올법'에 따라 증류소는 시행착오를 거듭했습니다. 생목으로 된 나무통으로는 숙성할 수가 없어서, 나무통 안쪽을 태우는 '차'를 전통적으로 행하게 됐지요. 그런 켄터키주 증류소 중 대표적인 네 곳을 소개합니다. 첫 번째로 소개할 버팔로 트레이스 증류소는 1773년에 창업했습니다.

버번이라는 이름은 프랑스의 부르봉(bourbon)에서 유래했다고 해. 독립 전쟁 때 미국의 편에 선 부르봉 왕조의 이름을 따서 군대 중 하나를 버번이라고 명명했대.

부르봉을 영어로 읽으면 버번이 되는 거네요!

미국 전역에서 가장 오래된 역사를 가지며, 지금도 현역으로 생산을 진행하는 베테랑 중 베테랑이지요. 두 번째는 우드포드 리저브 증류소입니다. 숙성 나무통 안쪽만이 아니라 위판과 바닥 판에도 차 작업을 하는 정성을 들입니다. 세 번째로 포 로지스 증류소는 다채로운 레시피가 매력적입니다. 호밀이나 효모를 구분하여 복잡한 맛을 표현해 내지요. 그리고 네 번째로 메이커스 마크 증류소는 아래 4단계의 차 작업을 마친 판을 조립해 나무통 안에 넣어 색다른 풍미를 이끌어 냅니다.

버팔로 트레이스

차 작업은 4단계

불로 나무통 안쪽을 태워 탄화시키는 것을 '차'라고 하는데, 그을리는 수준은 불태우는 시간에 따라 단계별로 나뉘어 있습니다. 나무통 공방에 따라 시간은 제각각이지만, 대략 다음과 같이 시간이 걸립니다.

- **1단계** : 약 20초간 태우기
- **2단계** : 약 25~30초 태우기
- **3단계** : 약 35~40초 태우기
- **4단계** : 약 40초~1분 태우기

그을리는 정도에 따라 위스키의 풍미가 크게 달라집니다. 또한 나무통 안쪽을 서서히 불에 쬐는 것을 토스트라고 부릅니다.

셰리 통은 '토스트', 버번 통은 '차'. 차를 할 때는 1m 이상의 불길이 치솟아서 엄청난 박력을 선보이지!

테네시주

세계를 대표하는 상표의 산지, 테네시

켄터키주와 인접한 남부의 주로, 내슈빌을 중심으로 한 지역은 '뮤직 시티'라는 별명으로도 불리는 미국 음악의 성지입니다.

테네시주는 메이플 시럽의 재료로 익숙한 설탕단풍이 많이 서식하는 곳으로, 이는 테네시의 위스키 제조에 빼놓을 수 없는 것이지요.

원료로 옥수수 51% 이상 사용하기, 나무통 안쪽을 바짝 그을린 새 오크통에서 숙성시키기 등 기본적으로 제조법은 버번과 동일합니다. 그러나 테네시 위스키의 가장 큰 차이점은 독특한 공정 '차콜 멜로잉 제조법'을 쓴다는 점입니다. 이 '차콜 멜로잉 제조법'이란 위스키를 나무통에 넣기 전에, 설탕단풍 목탄 층에 통과시켜 여과하는 공정이지요.

테네시 위스키를 만드는 대표적인 증류소는 잭 다니엘스와 조지 딕켈, 이 두 곳입니다. 다만 최근에는 작은 증류소도 늘어나고 있어, 위스키도 앞으로 더 다양해질 것으로 보입니다.

MEMO

차콜 멜로잉 제조법을 더 자세하게 알아보자!

차콜 멜로잉 제조법이란, 갓 증류한 위스키를 설탕단풍 목탄을 사용하여 여과하는 공정을 뜻합니다. 차콜 멜로잉 탱크라는 원통형 용기에 설탕단풍나무를 3년간 햇볕에 말려 압착한 것을 10m 정도로 두껍게 깔고, 이 장치에 갓 증류한 위스키를 스파징(sparging, 뿜어내기)하면서 천천히 떨어트립니다. 약 5일 동안 여과하여 불순물이나 잡맛을 제거하면, 켄터키주의 버번과는 다른 부드러운 맛의 테네시 위스키가 완성됩니다. 또한 설탕단풍은 메이플 시럽의 원료로도 잘 알려져 있는데, 그 특유의 향이 배어들게 됩니다.

잭 다니엘스

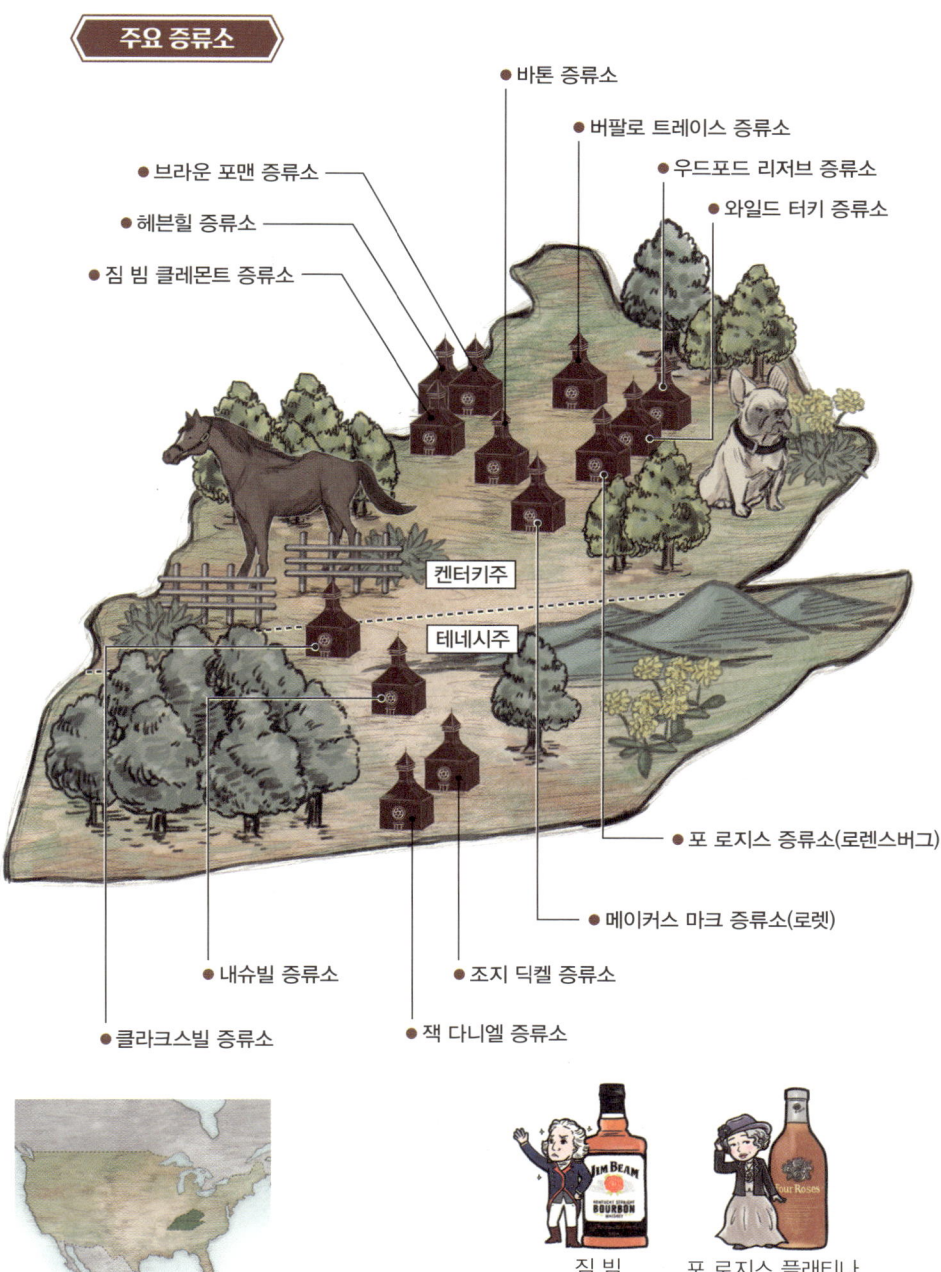

주요 증류소

- 바톤 증류소
- 버팔로 트레이스 증류소
- 우드포드 리저브 증류소
- 와일드 터키 증류소
- 브라운 포맨 증류소
- 헤븐힐 증류소
- 짐 빔 클레몬트 증류소

켄터키주

테네시주

- 포 로지스 증류소(로렌스버그)
- 메이커스 마크 증류소(로렛)
- 내슈빌 증류소
- 조지 딕켈 증류소
- 클라크스빌 증류소
- 잭 다니엘 증류소

짐 빔　　　포 로지스 플래티나

위스키에 얽힌 역사 극장
「일본 위스키의 아버지와 그의 아내」

1918년, 일본의 다케쓰루 마사타카라는 청년이 스코틀랜드를 찾아갑니다.

마사타카는 일본에서 위스키 제조를 위해 본고장인 스코틀랜드에서 그 기술을 배우러 온 것이었습니다.

체류 중에 글라스고 대학을 다니던 마사타카. 어느 날, 같은 대학 여학생의 부탁으로 그녀의 남동생에게 유도를 가르쳐주게 됐습니다.

그 집을 방문했을 때, 그곳에서 그녀의 언니인 제시 로베르타 코완, 통칭 리타라는 여인을 만나게 돼요.

당시 리타는 전쟁에서 약혼자를 잃고 슬픔에 빠져 있었지만, 두 사람은 같이 피아노 합주를 하면서 연인 사이가 됐다고 합니다.

또한 리타의 추천 덕분에 마사타카는 캠벨타운에 있는 헤이즐번 증류소에서 일하게 됐습니다.

1920년, 어느 파티를 마치고 돌아가던 중 마사타카는 리타에게 갑자기 프러포즈를 합니다.

당신을 위해서라면 난 이제 일본으로 돌아가지 않아도 돼요. 여기서 당신과 살겠습니다!

그렇게 말하는 마사타카 에게

제가 당신과 함께 일본으로 갈게요. 일본에서 함께 위스키를 만들래요.

리타는 그렇게 말하며 청혼을 수락했습니다.

주변 사람들은 결혼에 반대했고, 식은 소박하게 치렀다고 하지만 1921년 리타는 마사타카와 함께 거의 사랑의 도피처럼 일본으로 떠났습니다.

귀국한 두 사람의 시작은 순조롭지 않았는데, 당시 큰 불황에 빠져 있던 일본에서 위스키를 만들 여유는 없었기 때문입니다. 마사타카는 우선 현재는 산토리로 불리는 '고토부키야'의 초대 사장인 도리이 신지로 씨 밑에서 일하게 됩니다.

대일본과즙

10년을 근무한 끝에 '고토부키야'를 퇴사하고, 마사타카는 홋카이도의 요이치시에 증류소를 세우는데, 회사명은 '대일본과즙'이었습니다. 위스키는 당장 생기는 게 아니므로 한동안은 사과 주스를 판매하며 한편으로는 위스키를 만들고 개량을 이어나갔습니다.

사과

으음~

킁킁

힘내요!

생긋...

이게 오늘날의 닛카 요이치 증류소입니다. '닛카'라는 이름은 그 당시 회사명인 '다이닛폰카쥬 (대일본과즙)'에서 유래한 것이에요.

처음에 리타는 마사타카의
친척들에게 외면당했습니다.
당시 일본에는 외국인이 적었고,
게다가 국제결혼이었으니까요.
그런 와중에 리타는 익숙하지
않은 환경임에도 일본인 남편의
아내로서 불평 하나 하지 않고
마사타카를 도왔다고 합니다.

그런데 그 후,
제2차 세계대전이
시작되자 리타는
적국의 스파이가
아니냐며 감시까지
받게 됐습니다.
거리로 나가면,
돌이 날아올 때도
있었다고 합니다.

리타는 그런
환경 속에서도
꺾이지 않았고,
또한 마사타카도
아내를 감싸며
함께 위스키를
즐기며 일본에서
생활했습니다.

리타는
고향과
비슷한
홋카이도
요이치의
경치를
매우 좋아했
습니다.

1940년, 마침내 요이치 증류소에서 첫 재패니즈 위스키 '닛카 위스키'가 발매됐습니다.

그건 이국의 땅에서 리타가 마사타카와 이루어낸 꿈의 결정체가 된 술이었습니다.

그 후, 병약했던 리타는 치료를 위해 마사타카가 자주 머물렀던 도쿄 근처인 가나가와에서 살게 됩니다. 그러나 만년에는 사랑했던 요이치초의 경치를 보고 싶다고 하여 1960년에 다시 홋카이도에서 살게 됩니다.

이듬해 1961년. 사랑하는 사람이 지켜보는 가운데 리타는 64세로 생을 마감합니다. 다 큰 남자가 그렇게나 무너지는 건 처음 봤다고 할 정도로 마사타카는 오열했다고 합니다.

마사타카는 그 후에도 위스키를 꾸준히 만들었고, 지금은 '위스키의 아버지'라고 불릴 정도의 업적을 남겼습니다.

그리고 1979년, 다케쓰루 마사타카는 85세에 그 생을 마칩니다. 마사타카의 묘는 홋카이도의 요이치에 있으며, 아내인 리타와 함께 잠들어 있습니다.

일본

스카치 위스키를 본보기로 삼아 독자적 특징을 꽃피우다

일본에서 위스키 제조가 시작된 건 5대 위스키 중에서도 가장 늦은 1900년대에 들어서서부터였습니다. 앞서 언급했듯 스코틀랜드의 위스키 산지 중 한 곳인 캠벨타운의 헤젤번 증류소로 유학을 가 본고장의 위스키 제조를 배운 다케쓰루 마사타카가 산토리의 전신이었던 고토부키야 시절에 야마자키 증류소를 세웠고, 1924년부터 증류를 시작한 게 기원입니다. 그래서 재패니즈 위스키는 스카치 위스키의 계보를 잇는다고 할 수 있지요. 그렇지만 재패니즈 위스키의 특징은 원액이 매우 다양하다는 점입니다. 북쪽에는 홋카이도, 남쪽에는 규슈 지방에 이르기까지 널리 퍼져 있는 메이커가 다양한 타입의 원액 제조에 힘쓰고 있어서 그 덕분에 세계에서도 좀처럼 보기 드문 다양한 원액과 위스키가 태어났습니다. 최근에는 본고장인 스코틀랜드에도 지지 않을 정도의 피트가 살아 있는 일본산 위스키도 만들고 있답니다.

세계에서도 주목을 받게 된 재패니즈 위스키는 2021년이 되어 드디어 재료나 제조법에 관한 정의가 확실히 성립되었습니다. 그러나 이로 인해 블렌디드용의 그레인 위스키는 자국의 것을 꼭 사용하게 됐지요. 지금까지 대부분 수입에만 의존했기에, 자기 증류소를 갖고 있지 않은 크래프트 위스키 제조업체는 앞으로 그레인 위스키 조달이 힘들어질지도 모릅니다.

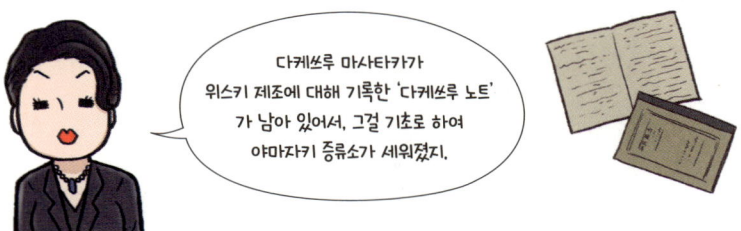

다케쓰루 마사타카가 위스키 제조에 대해 기록한 '다케쓰루 노트'가 남아 있어서, 그걸 기초로 하여 야마자키 증류소가 세워졌지.

산토리(하쿠슈초·야마자키·지타시)

일본산 위스키를 처음으로 세상에 선보인 노포

도리이 신지로가 오사카에서 도리이 상점(후에는 '고토부키야')를 창업한 것이 시작이었습니다. 고토부키야는 1907년에 아카다마 포트 와인을 출시해서 대박을 칩니다. 이를 통해 번 돈을 기초로 오사카 덴노잔 산기슭에 야마자키 증류소를 건설합니다. 1923년의 일이었지요. 그리고 1929년, 일본 최초의 몰트 위스키 '산토리 위스키(통칭 '시로후다')'를 세상에 선보이게 됩니다.

그러나 시로후다는 스모키한 향이 강해서 잘 팔리지 않았어요. 그래서 일본인 입맛에 맞는 위스키 제조에 다시 도전하여 '가쿠빈', '토리스', '올드' 같은 인기 브랜드를 차례로 만들어냈습니다.

뛰어난 마케팅 실력을 갖춘 것도 특징입니다. 예를 들어 위스키를 취급하지 않았던 일본 요리점에도 식사 중에 마시는 술로 보급했고, 가라아게 요리를 안주로 권하는 광고도 자주 내보냈습니다.

우직하게 위스키 제조를 이어나가 불황 속에서도 공장을 크게 개장하여 생산량을 높이는 등, 재패니즈 위스키를 꾸준히 지탱하는 브랜드라고 할 수 있습니다.

주요 증류소

야마자키 12년

하쿠슈 증류소

지타 증류소

야마자키 증류소

닛카(홋카이도 요이치·미야기쿄)

다케쓰루 마사타카의 새로운 도전, 세계적 자랑인 증류소

산토리(당시의 고토부키야)에서 일본 최초의 위스키를 만들어낸 다케쓰루 마사타카는 1934년에 독립하여 홋카이도 요이치에 증류소를 건립하면서 시작됐습니다. 당시 회사명은 '대일본과즙'. 위스키 제조에는 시간이 오래 걸려서 사과 사업으로 수입을 보충하는 데서 유래한 이름입니다.

요이치를 선택한 이유는 풍부한 피트와 습윤하며 한랭한 기후가 스코틀랜드와 비슷했기 때문입니다. 닛카의 첫 위스키는 1940년에 발매된 '닛카 위스키'입니다.

그 후에 회사명을 브랜드명으로 바꾸었습니다. 1963년에는 연속식 증류기(→P. 143)을 도입하여 그레인 위스키 제조에도 착수했고, 2년 후에는 블렌디드 위스키 '블랙 닛카'를 발매했습니다. 1969년에는 미야기현의 미야기쿄 증류소를 건설하는 등 착실히 성장해 나갔습니다.

요이치 증류소에서 했던 석회 직화 증류는 세계에서도 보기 드문 공정으로, 산토리 위스키와 함께 세계적인 위스키 콩쿠르에서 여러 상을 받았습니다.

주요 증류소

다케쓰루 퓨어 몰트 17년

● 요이치 증류소

● 미야기쿄 증류소

요이치의 환경은 스코틀랜드의 하이랜드, 미야기쿄는 로우랜드와 비슷하다고 하지.

기린 디스틸러리(고텐바시)

3국이 공동으로 만드는, 일본인 취향의 위스키

후지고텐바 증류소는 1973년에 캐나다의 시그램사와 스코틀랜드의 시바스 브라더스 사, 그리고 일본의 기린 맥주 세 회사가 공동으로 시작했습니다. '일본인의 취향에 맞는 위스키를 만들자'라는 목적으로, 세계적으로 유명한 제조사가 모여 기술을 결집했던 것이지요. 그 뜻은 아직도 이어지고 있습니다. 엄선한 다섯 종류의 효모를 이용하여 스코틀랜드에서 성장한 몰트 위스키와 캐나다가 빚은 그레인 위스키를 동시에 만드는 곳으로, 세계적으로도 보기 드문 증류소입니다.

확 다가오는 느낌이, 스파이시하고 버번 풍미에 가까운 맛이지요. 공장 내에 여러 형태의 증류기가 있는 것도 특징입니다. 2021년에는 인근 설비를 포함한 개장 작업을 벌여, 박물관처럼 공장 내부를 견학할 수 있는 아주 멋진 증류소가 됐답니다.

후지고텐바 증류소는 견학도 할 수 있으니 관심 있는 사람은 꼭 가보도록 해!

주요 증류소

● 후지고텐바 증류소

이치로즈 몰트(지치부시)

35년 만의 새로운 증류소, 진화를 계속해 나가는 제조자들

지치부 증류소는 2004년에 단독 증류소로, 일본 내에서는 35년 만에 탄생한 곳입니다. 2008년부터는 증류도 시작했지요. 제2공장도 2019년 10월부터 가동했으며, 젊은 제조자들을 중심으로 훌륭한 위스키를 꾸준히 만들고 있습니다. 월드 위스키 어워드라는 영국의 위스키 콘테스트에서 5년 연속 세계 최고상을 받았습니다. 지치부산 보리를 만들어 소량이지만 플로어 몰팅 작업을 하고, 나무통 공장도 만드는 등, 일본산으로 자사에서 모든 공정을 다 해내는 '장인'과도 같은 증류소입니다.

● 마루스쓰누키 증류소(가고시마현)

가고시마현 미나미사쓰마시 가세다의 '쓰누키' 지구에 있는 마루스쓰누키 증류소. 따듯한 기후와 구라다산에서 나는 물로 만든 소주의 발상지로 유명한 이곳에 양조업체인 혼조슈조(本坊酒造)가 자리하고 있습니다. 사쓰마의 유명한 특산물인 '고구마'를 풍부하게 쓴 소주는 오늘날까지도 인기가 많습니다.

이 땅에서 소주를 만든 지 백수십 년, 이제는 위스키도 만들게 됐습니다.

쓰누키는 가고시마에서도 분지 형태의 지형인 덕분에 여름과 겨울의 온도 차이가 심해서 위스키의 개성적인 풍미가 더 강해집니다. 위스키에 사용되는 구라다산의 물은 지역에서 귤 재배에도 사용하는 질 좋은 물로 유명하며, 부드러운 맛을 내는 데 도움이 됩니다.

현재는 쓰누키 이외에도 위스키 제조 환경에 적합한 나가노현의 신슈마루스 증류소도 잘 알려져 있답니다.

이치로즈 몰트 지치부
더 피티드

● 지치부 증류소(사이타마현)

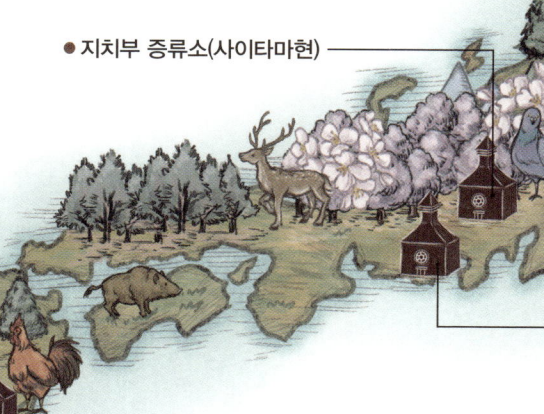

> 일본에 이렇게 증류소가 많은 줄 몰랐어요! 각자 목표로 하는 맛이 다르고, 그에 맞는 장소를 선정한 거네요.

크래프트 디스틸러리

세계적으로 주목받는 일본의 증류소

위스키 업계에서는 예전부터 지역에 뿌리를 내린 소규모 증류소를 '크래프트 디스틸러리'라고 부릅니다. 그리고 그 '크래스트 디스틸러리'에서 만들어지는 위스키를 '크래프트 위스키'라고 하며, 일본주의 지역별 토속주처럼 한 병씩 정성을 다해 제조됩니다.
여기서는 일본 곳곳에 있으며, 지금은 세계에서도 주목을 받는 '크래프트 디스틸러리'를 소개합니다.

● 앗케시 증류소(홋카이도)

2013년부터 증류를 시작한 새로운 증류소입니다. 아일라 몰트에 가까운 위스키를 만들고자 하는 창업자의 소망으로, 바닷바람이 닿아 아일라와 환경이 비슷한 홋카이도 앗케시가 선정되었다고 합니다. 위스키에 사용하는 물은 오보로가와 상류의 호마카이가와의 것을 쓰고 있습니다. 아일라섬의 위스키와 마찬가지로 피트층을 지난 물이지요. 아일라의 피트는 히스라는 식물에서 온 것이지만, 일본의 피트층은 비자나 갈대로 만들어졌답니다.

● 가이아플로우 증류소(시즈오카현)

시즈오카현에 있는 가이아플로우 증류소는 시즈오카현 시즈오카시 오쿠시즈 지역(시즈오카시의 중산간지역의 총칭으로 '오쿠시즈오카'의 약칭)의 다마가와라고 하는 장소에 지역의 목재를 사용하여 지은 곳입니다. 맑은 아베가와의 지류인 아베나카고치가와, 그리고 주변을 둘러싸듯 우뚝 선 400m 높이의 산들로 이루어진 환경을 살려서 자연과 어우러진 증류소를 목표로 한다고 합니다.
증류소에서는 시즈오카산 삼나무 목재를 사용한 발효조, 지역에서 난 땔감으로 지핀 불로 증류하는 포트 스틸 등을 볼 수 있으며, 지역의 특성을 살린, 시즈오카다운 맛을 찾아 매일 위스키를 만들고 있습니다.

크래프트는 그야말로 도전이지! 어떤 증류소에서는 선진적인 기술을 도입해서 숙성 기간을 줄이려는 도전을 해봤대. 시간과 공간을 뛰어넘은 위스키! 시대의 전환점이 될지도 몰라.

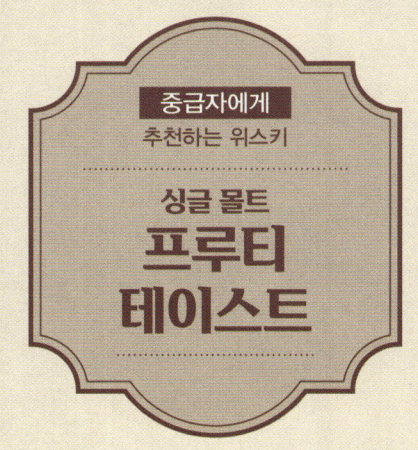

중급자에게
추천하는 위스키

싱글 몰트
프루티 테이스트

가련한 공주님이 성장하여 여왕이 된 것같은 위스키랍니다.

달모어 킹 알렉산더 3세
THE DALMORE KING ALEXANDER Ⅲ

산지 : 스코틀랜드
도수 : 40%

레드 와인인 카베르네 소비뇽 통, 마르살라 통, 마데이라 통, 포트 통, 버번 통, 올로로소 셰리 통. 이 6종류의 나무통으로 숙성된 원액에서 만들어지는 위스키가 '달모어 킹 알렉산더'입니다. 심벌마크인 용맹한 사슴 문장은 한때 오너의 조상이 사슴의 공격을 받은 스코틀랜드 국왕 알렉산더 3세를 도우면서 그 답례로 받은 것이라고 합니다. 여러 종류의 원액이 블렌드된 독특한 위스키예요. 스트레이트로 감귤계 향을 즐겨보는 건 어떨까요?

아벨라워 18년 더블 캐스크 매추어드
ABERLOUR 18 YEARS OLD DOUBLE CASK

산지 : 스코틀랜드
도수 : 40%

셰리 통, 버번 통으로 숙성된 우아한 맛의 위스키 '아벨라워 18년'. 18년이라는 숙성 기간을 통해 그 맛과 향은 복잡하면서도 중후하게 변했지요. 토피나 버터 스카치 같은 향에, 오크 풍미를 품은 벌꿀 맛의 크리미한 풍미. 물을 더해 스트레이트로 마시면, 균형 잡힌 깊은 맛을 즐길 수 있습니다.

맥캘란 12년
THE MACALLAN 12 YEARS OLD

산지 : 스코틀랜드
도수 : 40%

맥캘란 시리즈 중에서도 가장 인기 있는 제품. 마실 때는 스트레이트를 추천합니다. 까치밥나무 꽃과 비슷한 프루티한 향기와 맛의 깊이를 느낄 수 있을 거예요.

글렌파클라스 21년
GLENFARCLAS 21 YEARS OLD

산지 : 스코틀랜드

도수 : 43%

스페이사이드에 우뚝 선 벤리네스산. 그 눈이 녹은 물이 원천인, 고급 연수를 사용하여 제조한 것이 바로 '글렌파클라스 21년'입니다. 맛은 세월을 거치면서 셰리 풍미가 살아났고, 건포도 같은 프루티함을 동반하게 됐지요. 물론 스트레이트로 마시는 걸 추천합니다. 입안으로 뛰어드는 방대한 풍미에 깜짝 놀라게 될 것입니다.

철의 여인이라고 불렸던 영국의 전 총리 대처와 같은 힘찬 맛이지

글렌모렌지 콤판타
GLENMORANGIE COMPANTA

산지 : 스코틀랜드

도수 : 46%

버번 통에서 숙성시킨 후, 클로 드 타르(Clos de Tart)의 레드 와인 통과 코트 뒤 론(Côtes du Rhône)의 셰리 통으로 추가 숙성을 하여 블렌딩. 베리류나 수풀 등의 '가을'을 연상케 하는 향기에, 장작 연기와 견과류를 느끼게 하는 나무통의 향기가 잘 어우러집니다. 단맛이 돌면서 산미는 적고, 밀크 초콜릿 풍미 후에 약초 향이 납니다. 나무통의 마술사라고 하는 빌 럼스던 박사가 선보이는 최고의 위스키입니다.

글렌드로낙 21년
THE GLENDRONACH 21 YEARS OLD – PARLIAMENT

산지 : 스코틀랜드

도수 : 48%

올로로소 셰리 통에서 오는 씁쓸한 맛과 페드로 히메네스 셰리 통에서 오는 단맛. 이게 조화롭게 어우러진 것이 바로 '글렌드로낙 21년'입니다. 창업된 장소인 하이랜드 지방 원산의 보리를 활용해 전통적 기법으로 만든 이 위스키는 스트레이트로 마시는 것을 추천합니다. 블랙베리, 자두 등 잘 익은 가을 과일의 풍미를 느낄 수 있을 거예요.

『걸리버 여행기』처럼
다양한 경치를 보여주는
위스키야!

부쉬밀 몰트 16년
BUSHMILLS MALT 16 YEARS OLD

산지 : 아일랜드

도수 : 40%

세계에서 가장 오래된 위스키 증류소에서 논 피트 100%의 원액을 고집하며 만든, 가볍고 프루티한 위스키입니다. 버번 통과 올로로소 셰리 통에서 장기간 숙성시킴으로써 달콤하고 순하면서 부드러운 독특한 입맛을 만들어내요. 스트레이트로 잘 익은 프루티함과 달달한 향기를 즐길 수 있답니다.

에센스 오브 산토리 야마자키 리필 셰리 캐스크(500㎖)
THE ESSENCE of SUNTORY WHISKY REFILL SHERRY CASK

산지 : 일본

도수 : 53%

'에센스 오브 산토리 위스키 싱글 몰트 위스키 야마자키 증류소〈리필 셰리 캐스크〉는 위스키의 숙성에 사용했던 셰리 통으로 숙성합니다. 건포도와 벌꿀의 향, 달콤한 과일 향이 특징적이지요. 스트레이트로 마시면 균형감 있는 셰리의 느낌과 풋풋한 여운을 느낄 수 있답니다.

닛카 싱글 몰트 요이치 셰리 & 스위트
SINGLE MALT YOICHI SHERRY & SWEET

산지 : 일본

도수 : 55%

'일본인에게 진정한 위스키를 마시게 하고 싶다'라는 마음으로 다케쓰루 마사타카 씨가 만든 위스키 '요이치'. 그 고집을 상징하는 것처럼 이 위스키는 세계에서도 희귀한 '석회 직화 증류'라고 불리는 방법으로 증류됐습니다. 끊임없이 석회를 지켜야 하는 힘든 증류 공정이지만, 이 위스키를 입에 머금으면 전통적 방식이 뒷받침하는 중후한 맛을 느낄 수 있습니다. 올로로소 셰리의 풍부한 향기, 말린 과일의 아로마가 입안에 가득 퍼져요.

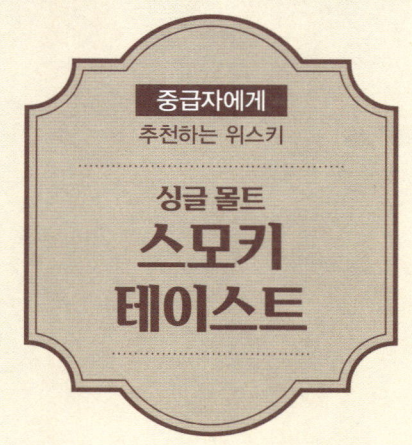

중급자에게
추천하는 위스키

싱글 몰트
**스모키
테이스트**

성장한 보모어는 더욱
어른스러운 맛으로, 스모키
중급자에게 추천해

아드벡 킬달튼
ARDBEG KILDALTON

산지 : 스코틀랜드

도수 : 46%

아일라섬에서 유일하게 정류기(purifier)
를 도입한 아드벡 증류소. 그곳에서 만들
어진 '아드벡 킨달튼'은 버번과 리필 셰리
통, 만든 지 얼마 안 되는 원액도 블렌딩
해서 숙성합니다. 스트레이트로 마시면,
정류기 효과 덕분에 매우 깔끔하고 오일
리한 입맛을 느낄 수 있어요. 희귀한 상표
지만 아드벡의 또 다른 얼굴을 엿볼 수 있
는 위스키입니다.

아드벡 우거다일
ARDBEG UIGEADAIL

산지 : 아일랜드

도수 : 54.2%

'바다 같은' 향기라고 표현될 때가 있는
'아드벡 우거다일'. 이 '우거다일'은 흘러넘
치는 피트에 의해 물이 흙색으로 보이는
호수 이름이기도 하며, 아드벡이 사용하
는 양조용 물의 원천이기도 합니다. 감촉
도 순하고 맛도 스무스하지만, 곧 혀 위에
짜릿한 피트 향이 느껴지게 됩니다. 도수
는 높지만 꼭 스트레이트로 맛보세요.

보모어 12년
BOWMORE 12 YEARS OLD

산지 : 스코틀랜드

도수 : 40%

이 위스키는 아일라섬의 가장 오래된 보
모어 증류소에서 만들어집니다. 장인의 손
에 의한 플로어 몰팅, 그리고 포트 스틸을
통한 증류, 스패니시 셰리 캐스크와 호그

스헤드(hogshead)로 숙성하는 전통 방
식으로 제조되지요. 입맛이 부드럽고 단
맛을 주체로 하는 피티함과 바다 내음이
퍼지면서, 커피 같은 씁쓸함이 감돕니다.
스트레이트로 맛의 변화를 즐기는 걸 추
천해요.

부쉬밀 몰트 16년
BUSHMILLS MALT AGED 16 YEARS OLD

산지 : 스코틀랜드

도수 : 45.8%

버번 통과 셰리 통으로 18년 이상 숙성한 원액을 블렌딩함으로써, 깊이 있는 프루티함을 자아내는 위스키입니다. 스트레이트로 마시면, 바다 향과 프루티한 향기와 함께 벌꿀과 같은 단맛을 쫓듯 강한 피트를 느낄 수 있습니다. 또한 여운으로 페퍼 향이 남습니다.

라가불린 16년
LAGAVULIN 16 YEARS OLD

산지 : 스코틀랜드

도수 : 43%

오크 캐스크로 16년 숙성을 거친 라가불린은 아일라섬 제일이라고 해도 될 정도로 스모키하고 강한 아이오딘 향을 풍깁니다. 입에 머금으면 프루티한 단맛과 숙성된 셰리의 풍부한 향이 퍼지면서 곧 감칠맛이 찾아옵니다. 여운이 길어서, 스파이시하면서 드라이한 스모키 느낌을 즐길 수 있답니다.

이치로즈 몰트 지치부 더 피티드
ICHIRO'S MALT CHICHIBU THE 2016 PEATED

산지 : 일본

도수 : 54.5%

키 몰트인 하뉴 증류소의 몰트 원액 이외에 피트가 강한 몰트가 선정되어 지치부 증류소에서 블렌딩되고, 물참나무통에서 재숙성합니다. 입에 머금으면 스파이시한 맛이 초콜릿과 같은 단맛으로 바뀌면서 스모키한 느낌으로 변하지요. 마지막으로는 물참나무통에서 나온 동양적인 향이 입안으로 퍼집니다.

벤처 위스키인 이치로즈 몰트는 마치 일본의 개척가 사카모토 료마와 같은 위스키라네

라프로익 15년
LAPHROAIG 15 YEARS OLD

산지 : 스코틀랜드

도수 : 43%

찰스 황태자가 신상품이 나올 때마다 직접 시음하러 갈 정도로 사랑하는 라프로익은 영국 왕실 전용의 싱글 몰트입니다. 맥아를 건조할 때 이끼류나 해조를 포함한 피트를 태워, 강한 피트 아이오딘 향을 입힙니다. 오일리한 단맛이 스파이시하게 변하는데, 피트 아이오딘 향의 여운을 즐기려면 스트레이트를 추천해요.

라프로익 15년은 해적의 샤벨을 가지고 썩둑 자르는 듯한 드라이한 맛이 특징이지

라프로익 QA 캐스크
LAPHROAIG QA CASK

산지 : 스코틀랜드

도수 : 40%

라프로익 QA 캐스크의 'QA'는 아메리칸 화이트 오크의 학명인 'quercus alba'의 약칭입니다. 버번 통에서 숙성한 후에 차 작업을 거친 새로운 아메리칸 화이트 오크 통에서 추가 숙성을 합니다. 하드한 입맛과 화학적이면서 적은 단맛, 생생한 목재를 느끼게 하는 씁쓸함은 다른 곳에서 찾아볼 수 없는 맛이랍니다.

라프로익 페드로 히메네스 캐스크
LAPHROAIG PX CASK

산지 : 스코틀랜드

도수 : 48%

'PX'는 셰리주의 '페드로 히메네스(Pedro Ximénez)'의 이니셜입니다. 처음에는 메이커스 마크 통에서 5~7년, 그다음으로 쿼터 캐스크에서 17~19년, 마지막으로 페드로 히메네스 통에서 1년. 이렇게 총 3단 숙성을 거칩니다. 이 공정에 의해 감귤계 산미가 감도는 단맛에 피트, 아이오딘 향이 퍼지며 셰리 통다운 부드러운 달콤함이 여운으로 남아요.

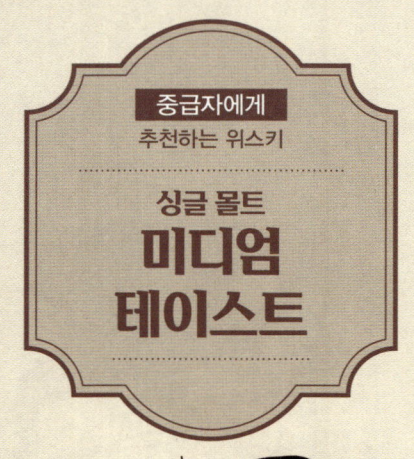

중급자에게
추천하는 위스키

싱글 몰트
**미디엄
테이스트**

마치 마법사가 만든 듯한
달콤하고 화사한 향을
꼭 맛보렴

글렌리벳 18년
THE GLENLIVET 18 YEARS OLD

산지 : 스코틀랜드
도수 : 40%

'글렌리벳 18년'은 아메리칸 오크가 바닐라 풍미의 단맛을, 유럽피안 오크가 비터 초콜릿 같은 향을 자아내어, 나무통 향이 강렬한 농후하고 리치한 맛을 자랑합니다. 스트레이트로 마실 때는 프루티함과 꽃향기를, 트와이스업이라면 마일드한 바닐라와 초콜릿 느낌을 즐길 수 있어요.

스프링뱅크 11년
SPRINGBANK 11 YEARS OLD

산지 : 스코틀랜드
도수 : 55%

보리를 발아시키기 위해 수작업으로 휘젓는 플로어 몰팅을 하는 몇 안 되는 증류소. 130년 동안 사용되는 당화조(→P.139)에서 당화하여, 북유럽산 낙엽송으로 된 발효조(→P.140)에서 발효합니다. 2.5회 증류라는 스프링뱅크만의 독자적 제조법으로 '몰트의 향수'라는 칭송을 받는 달콤하고 화사한 향기가 태어나지요. 보디를 즐기기 위해서는 스트레이트를 추천합니다.

글렌피딕 18년
GLENFIDDICH 18 YEARS OLD

산지 : 스코틀랜드
도수 : 40%

아메리칸 오크통과 스패니시 올로로소 셰리 통에서 18년 이상 숙성한 원액을 블렌딩하고, 3개월 이상의 후숙에 의해 매끄러운 입맛과 깊이 있는 맛을 만들어냅니다. 스파이시하고 프루티한 단맛과 산미가 길게 여운으로 남습니다.

글렌모렌지 라산타 12년 셰리 캐스크 피니시
GLENMORANGIE THE LASANTA 12 YEARS OLD

산지 : 스코틀랜드

도수 : 43%

'라산타'란 게일어로 '따뜻함', '정열'이라는 뜻입니다. 버번 통에서 10년 숙성을 거친 후, 올로로소 셰리 통에서 2년 추가 숙성을 하고 논 칠 필터드 방식으로 보틀링을 합니다. 셰리 통에서 유래하는 단맛, 그리고 맥아의 또렷한 느낌이 기나긴 여운을 남깁니다. 상온의 스트레이트로 체이서 (chaser)와 함께 교대로 마시는 걸 권합니다. 트와이스업으로 마실 거면 물은 경수가 좋아요.

글렌모렌지 트레디셔널
GLENMORANGIE TRADITIONAL

산지 : 스코틀랜드

도수 : 57.2%

10년 숙성한 원액을 냉각 여과를 하지 않는 논 칠 필터드로 병에 담은 위스키. 캐스크 스트랭스의 강렬한 맛을 더욱 직접적으로 맛볼 수 있습니다. 감칠맛과 깊은 맛 속에서 은은한 단맛과 스모키함을 느낄 수 있는, 옛날의 글렌모렌지를 재현한 위스키예요.

오반 14년
OBAN 14 YEARS OLD

산지 : 스코틀랜드

도수 : 43%

오반 증류소는 스코틀랜드에서도 가장 깊은 역사를 자랑하며, 섬 지역으로 가는 현관이라고 할 수 있습니다. 그 지역성과 스코틀랜드의 소형 포트 스틸(→P.141) 덕분에 하이랜드만의 부드러운 향기와 섬 지역의 강렬한 피트향 양쪽을 함께 가지고 있어요. 향은 과일과 벌꿀 계통입니다. 스트레이트나 트와이스업을 추천합니다.

역사 깊은 오반은 스코틀랜드를 대표하는 상품입니다. 그 넘치는 힘은 마치 병사 같죠!

글렌킨치 15년
GLENKINCHIE 15 YEARS OLD

산지 : 스코틀랜드

도수 : 43%

에든버러 몰트로 알려진 로우랜드를 대표하는 몰트 위스키. 조니 워커의 키 몰트이기도 합니다. 글렌킨치는 스코틀랜드 최대급인 랜턴 헤드형 포트 스틸(→P.142)로 증류해 가볍고 섬세한 맛을 만들어냅니다. 나무통은 버번 통과 아몬틸라도 셰리 통으로, 더블 매추어드(두 개 나무통으로 숙성) 과정을 거칩니다. 양조를 위해 사용되는 경수가 효모의 작용을 촉진시켜, 가볍고 고급스러운 단맛을 자아내지요.

키닌비 17년
KININVIE 17 YEARS OLD

산지 : 스코틀랜드

도수 : 42.6%

글렌피딕 제3공장이기도 한 키닌비 증류소에서 만들어지는 위스키입니다. 이 몰트는 블렌디드 위스키의 원액으로 쓰기 위해 제조되므로 싱글 몰트로는 구하기 어렵습니다. 아메리칸 오크를 재조립한 호그스헤드 통과 셰리 통이 사용되며, 벌꿀과 같은 단맛과 바닐라 향, 약초 느낌이 납니다. 귀중한 위스키여서 스트레이트로 천천히 맛보길 추천합니다.

스카파 14년
SCAPA DISTILLERY RESERVE EDITION
14 YEARS OLD SINGLE CASK 50 CL

산지 : 스코틀랜드

도수 : 40%

오크니섬의 '스카파 14년'은 논 피트 맥아를 사용하는데, 양조용으로 링그로 번(Lingro Burn)이라는 작은 강에서 피트가 함유된 물을 사용하기에 희미하게 피트 향이 납니다. 처음으로 위스키 숙성에 사용되는 버번 통이 바닐라 향과 설탕 과자 같은 단맛을 자아내요.

세계 최북단에 자리한 증류소에서 만들어지는 위스키는 의외로 부드러운 맛이 나지

부쉬밀 10년
BUSHMILLS 10 YEARS OLD

산지 : 아일랜드

도수 : 40%

에메랄드섬(녹색의 섬)이라고 불리는 아일랜드에서 만들어지는 '부쉬밀 10년'. 그 특징으로는 3회 증류와 논 피트 맥아 사용, 올로로소 셰리 통과 버번 통을 이용한 장기간 숙성시킨 싱글 몰트 원액이 있습니다. 이러한 특징에 의해 빚어내는 부드러운 입맛과 목넘김, 달콤한 맛이 부쉬밀 10년에서는 더욱 강화됐습니다.

캐나디안 클럽 20년
CANADIAN CLUB 20 YEARS OLD

산지 : 캐나다

도수 : 40%

'캐나디안 클럽 20년'은 오크통에서 20년 이상의 숙성을 거친 캐나디안 위스키의 정점이라 할 수 있습니다. 원액을 블렌드한 다음에 병에 넣고 숙성하는 프리 블렌딩 제조법이 특징이지요. 20년 숙성의 부드러움은 처음 스트레이트로 마시는 사람도 우아한 맛과 향을 즐길 수 있을 겁니다.

다케쓰루 퓨어 몰트 17년
TAKETSURU PURE MALT 17 YEARS OLD

산지 : 일본

도수 : 43%

'다케쓰루 퓨어 몰트 17년'은 닛카의 고급 몰트를 엄선하여 블렌딩한 몰트 위스키입니다. 강렬한 맛을 가진 요이치 몰트(홋카이도)와 화사하고 부드러운 맛을 가진 미야기쿄 몰트(미야기현)라는 서로 상반된 특징을 블렌드하여, 깊은 감칠맛을 내면서도 부드럽게 마실 수 있는 느낌을 완성했습니다. WWA(월드 위스키 어워드)에서 금메달을 수상했으며, 일본이 세계적으로 자랑하는 위스키입니다.

일본 위스키의 아버지 다케쓰루 마사타카를 연상시키는 대표적 재패니즈 위스키

추천하는 위스키

블렌디드

블렌디드를 대표하는 위스키지,
성장한 지휘자가 연주하는
최고의 맛을 보는 게 어때?

시바스 리갈 18년
CHIVAS REGAL 18 YEARS OLD

산지 : 스코틀랜드

도수 : 40%

하이랜드에서 가장 오래됐으며 세상에서 가장 아름답다고 하는 스트라스 아일라 증류소에서 태어난 몰트를 키로 삼아, 스코틀랜드의 엄선된 몰트와 그레인 위스키를 사용했습니다. 18년 숙성에 의해 알코올의 매운맛과 피트 향은 억제됐고, 프루티한 향기와 단맛이 살아 마시기 좋아요.

조니 워커 블루 라벨
JONNIE WALKER BLUE LABEL

산지 : 스코틀랜드

도수 : 40%

블루 라벨은 조니 워커의 최고봉이라고 하는데, 1만 통 중에 한 통이라고 할 정도의 잘 숙성된 뛰어난 원액만을 블렌드하고, 그중에는 60년 이상이나 숙성된 원액이 포함되고 있습니다. 향기롭고 스카치다운 스모키한 여운도 있어서, 스트레이트로 먼저 맛보면 좋은 위스키입니다.

발렌타인 17년
BALLANTINE'S 17 YEARS OLD

산지 : 스코틀랜드

도수 : 40%

17년 이상 숙성된 40종류 이상의 몰트 위스키와 그레인 위스키를 가득 사용합니다. 피티하고 우디한 기품 있는 향기, 크리미하면서 화사한 맛, 희미한 스모키와 바닐라, 바다 내음의 여운. 멋진 시간을 보낼 때 추천하고 싶은 위스키입니다.

삼킨 후에 배 속을 울리는 풀 보디의 여운은 그야말로 일본의 전통 북 같은 느낌입니다

히비키 21년
HIBIKI 21 YEARS OLD

산지 : 일본

도수 : 43%

'히비키 21년'은 산토리의 야마자키, 하쿠슈, 지타, 이 세 곳의 증류소에서 숙성되는 원액으로 만들어집니다. 21년 이상 숙성된 몰트 원액과 21년 이상 숙성된 그레인 원액을 엄선하여 정성껏 블렌딩하지요. 꽃과 같은 향기에 매끄러운 맛이어서 스트레이트로 즐기면 좋아요. 위스키와 물이 1:1 비율인 트와이스업으로도 향기가 살아납니다.

올드파 슈페리어
OLD PARR SUPERIOR

산지 : 스코틀랜드

도수 : 43%

엄선된 희귀한 원액을 숙련된 마스터 블렌더가 블렌딩한 위스키입니다. 셰리주나 잘 익은 과일 향에 스모키한 아로마, 매끄럽게 혀에 닿는 감촉, 그리고 견과류의 고소함이 남기는 긴 여운. 스트레이트나 온더록으로 화사한 맛을 즐기는 것 이외에도, 트와이스업으로 감귤계의 단맛과 스모키한 향기를 즐길 수 있답니다.

로열 살루트 21년
ROYAL SALUTE SIGNATURE BLEND
21 YEARS OLD

산지 : 스코틀랜드

도수 : 40%

'로열 살루트 21년'은 1953년 영국 여왕 엘리자베스 2세의 대관식 기념으로 만들어졌습니다. 스트라스아일라나 글렌키스, 아벨라워, 롱몬 등 유명한 증류소의 21년 이상 숙성된 원액이 사용된 고급 블렌디드 위스키지요. 로열 살루트의 섬세함을 잃지 않기 위해 물은 적게 추가합니다. 플로트로 마시면 화사하고 플로럴한 향기를 즐길 수 있습니다.

카우보이처럼 미국을 대표하는 버번 위스키지!

중급자에게 추천하는 위스키
버번

메이커스 마크 캐스크 스트랭스
MAKER'S MARK CASK STRENGTH

산지 : 미국
도수 : 55.35%

'메이커스 마크 캐스크 스트랭스'는 물을 넣지 않고 보틀링해서 나무통마다 알코올 도수가 달라지지만, 대략 56% 전후의 도수라고 할 수 있습니다. 불에 그을린 나무통에서 유래한 향기와 밀의 부드러움, 그리고 뜻밖의 매끄럽고 은은하며 달콤한 여운이 인상적입니다.

I.W. 하퍼 12년
I.W. HARPER AGED 12 YEARS OLD

산지 : 미국
도수 : 43%

버번에 장기 숙성의 필요성을 느끼지 못했던 시절, 'I.W. 하퍼 12년'은 깜짝 놀랄 정도의 주목을 받았습니다. 12년 숙성으로 마일드하면서도 감칠맛이 살아 있고, 메이플 시럽 같은 단맛이 나지요. 마지막으로 우디한 쌉쌀함이 여운으로 남습니다.

짐 빔 시그니처 크래프트 12년
JIM BEAM SIGNATURE CRAFT 12 YEARS OLD

산지 : 미국
도수 : 43%

버번으로는 이례적이라고 해야 할 정도인 12년 장기 숙성을 거친 짐 빔은 시나몬이나 바닐라를 느끼게 하는 오크통에서 유래한 풍성하고 달콤한 향기를 가졌으며, 입에 머금으면 깊이 있고 화사한 단맛이 부드럽게 스며듭니다. 12년 숙성은 스트레이트로 맛보면 좋을 만큼 깊이가 있지요.

포 로지스 블랙
FOUR ROSES FINE OLD

산지 : 미국
도수 : 40%

'포 로지스 블랙'은 오래 숙성된 포 로지스의 상급 라벨입니다. 스탠더드한 포 로지스보다 깊이 있는 맛으로, 오크통에서 유래한 달콤한 향기가 프루티한 향과 스파이시한 향과 잘 어우러집니다. 순한 맛에 부드럽고 길게 가는 여운은 스트레이트나 온더록으로 천천히 즐기면 좋습니다.

와일드 터키 12년
WILD TURKEY 12 YEARS OLD

산지 : 미국
도수 : 50.5%

'와일드 터키 12년'은 와일드 터키 3대째 디스틸러인 지미 러셀이 만든 명품입니다. 또한 '13년'은 아들이자 4대째인 에디가 만들었습니다. 와일드 터키는 석회석으로 여과되어 철분이나 미네랄을 포함하지 않는 라임스톤 워터로 제조합니다. 일반적인 버번보다도 옥수수의 비율을 낮추고 호밀과 보리 맥아의 비율을 올림으로써, 스파이시하고 적은 단맛을 가진 점이 특징입니다.

블랑톤 골드
BLANTON'S GOLD EDITION

산지 : 미국
도수 : 51.5%

켄터키주의 프리미엄 버번 '블랑톤' 원액 중에서도 최고의 품질만을 엄선한 명품 위스키가 바로 '블랑톤 골드'입니다. 오크통의 향기에 스파이시함에 더해졌고, 프루티하면서도 깊이 있는 매끄러운 맛이 납니다. 블랑톤 골드의 풍성한 향을 맛보려면, 입구가 좁다란 글라스로 트와이스업 하여 마시는 것을 추천합니다.

특별한 버번을 맛보고 싶다면 블랑톤 골드가 제일이지!

크래프트 위스키에 관하여

크래프트 위스키란 소규모 증류소에서 만들어진 위스키를 뜻합니다. 지금 일본에서는 사상 최대로 많은 크래프트 증류소가 운영되고 있습니다. 2022년 기준, 그 수는 앞으로 예정된 수까지 포함해서 70곳이 넘습니다.

제 개인적인 생각으로는 솔직히 10년 후에는 과연 몇 곳이나 남아 있을지 불안합니다. 위스키 제조는 매우 어려운 비축 사업입니다. 세우고 나서 최소한 첫 3년은 비용만 나갈 뿐입니다. 제가 생각하는 크래프트 증류소의 성공 사례는 지치부 증류소와 마루스 증류소입니다. 마루스는 역사적으로도 오래됐지만, 한때 위스키 제조에서 손을 뗀 적이 있었습니다(2021년부터 본격적으로 다시 시작).

왜 이 두 곳은 성공할 수 있었을까요? 지금으로부터 10년도 훨씬 넘은 시절 저는 위스키 공부를 위해 지치부 증류소에서 일한 적이 있습니다. 그곳에서 마찬가지로 위스키 제조를 시작하려던 마루스 증류소 직원도 연수를 오셨지요. 이 경험 자체로도 굉장한 것이지만, 무엇보다 증류소에서 일하는 사람들의 진지한 태도에 감동했습니다. 자고로 윗물이 맑으면 아랫물도 맑은 법. 아마 지치부 증류소의 사장님 아쿠토 씨의 인품과 실력도 한몫했을 것으로 여겨집니다.

그곳에서 배운 것은 위스키 제조는 내 마음만으로 되지는 않는다는 점이었습니다.

우선 막대한 자본이 듭니다. 그렇다고 돈이 많다고 해서 잘된다는 보장은 없지요. 인력 문제가 있으니까요. 제조자와 운영자의 균형과 궁합. 지치부 증류소, 그리고 마루스 증류소는 바로 이 부분이 좋았던 게 아닐까요?

또 한 가지 말씀드리고 싶은 에피소드가 있습니다.

제가 주최하는 위스키 세미나에 오시는 분이 마루스 증류소로 이직했을 때의 일입니다. 그는 위스키에 대한 애정이 넘쳐 대형 상장 회사를 그만두고 마루스 증류소 시험을 봤습니다. 멋지게 1차 시험에 합격한 후, 제가 "뭐 도와드릴 건 없을까요?"라고 물으니 그는 "아뇨, 제 실력으로 들어갈 겁니다"라고 다짐했습니다. 아주 대단하신 분이지요. 그는 다음 시험에도 합격해서 무사히 이직에 성공했는데. 그가 일하고 싶은 증류소를 결정할 때 홈페이지에 '자금은 넉넉하다'라는 식의 문구가 있는 곳은 피했다고 합니다. 그는 돈이 아니라 기술력과 좋은 위스키를 만들고자 하는 열의로 일할 곳을 선택했지요. 무엇을 목표로 삼을지는 사람에 따라 다르지만, 저는 다정다감한 사람은 부드러운 위스키를, 사업가 기질이 있는 사람은 사업가적인 위스키를 만들 거라고 생각해요. 어쨌든 간에 옥석혼효(玉石混淆)의 상황. 위스키 업계의 수준 향상을 절실히 바랍니다.

굿 위스키 타임

제 **3** 장

좀 더 깊게 배우는
위스키의 세계

기왕 이렇게 된 거 위스키 제조법에 대해 더 자세히 들어보지 않겠어? 증류소 견학이 더 재밌어질 텐데.

와~ 오랜만에 듣는 사장님의 이야기네요! 마침 여기 실물 사진도 있으니까.

너무 좋아요!

그럼 잠시 총정리를 좀 해볼까? 위스키의 원료는 주로 두줄보리이고, 그걸 수확해서 물에 담가 발효시키는 것에서 위스키 제조가 시작되지.

몰트와 그레인은 제조 방식이 달라

135

장인이 만드는 기호품

위스키가 우리의 손에 들어오기까지

여기서부터는 위스키가 만들어지는 일련의 과정을 소개하고자 합니다. 몰트 위스키와 그레인 위스키는 사용하는 원료와 설비가 다르지만, 두 가지 모두 크게 일곱 가지 공정을 거쳐 위스키를 완성합니다.

특히 몰트 위스키는 76페이지에서 소개한 대로 우선 몰팅과 킬른 탑에 의한 건조 작업을 먼저 거치는 게 특징입니다. 이 두 공정은 일본에서는 거치지 않고, 스코틀랜드에서만 이루어지고 있어요.

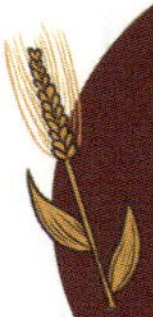

몰트 위스키
원료 :
두줄보리만 가능

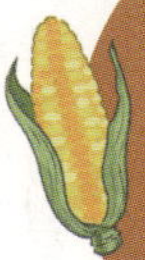

그레인 위스키
원료 :
밀, 옥수수, 호밀, 여섯줄
보리, 두줄보리 등

① 제맥

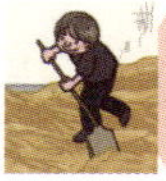

제맥

몰팅
▶ P.138

보리를 발아시켜 맥아(몰트)를 만듭니다. 효소를 생성하여 여기에 포함된 전분의 양을 늘리면 이 전분질이 당분으로, 당분은 다시 알코올로 변합니다.

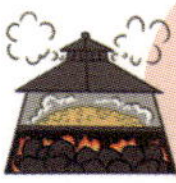

건조
▶ P.138

발효시킨 몰트에 뜨거운 바람을 쏘여 건조해서 적당한 성장 단계에서 멈추게 합니다. 이때, 피트를 태우면 스모키한 향이 입혀집니다.

②

당화 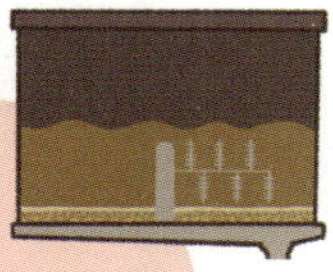
▶ P.139

몰트 위스키의 경우는 몰트를, 그레인 위스키의 경우에는 다른 곡물 등도 가루로 만들어 뜨거운 물과 섞습니다. 몰트 위스키의 공정에서는 뒤섞어서 만든 죽 같은 액체를 여과하여 보리즙을 짜냅니다.

③
발효
▶ P.140

당화에 의해 생긴 보리즙에 효모를 넣어, 발효조에서 발효시킵니다. 효모가 보리즙의 당분을 먹고, 알코올이나 탄산가스로 분해하면 '워시'라는 발효액이 생성됩니다. 이 워시를 다음 증류 공정으로 보냅니다.

④
증류
▶ P.141

몰트 위스키에서는 증류를 '포트 스틸'이라고 부르는 '단식 증류기(한 번씩 증류하는 증류기)'로 통상 2회까지 작업합니다. 한편 그레인 위스키는 '연속식 증류기(연속해서 증류하는 증류기)'로 작업합니다.

⑥
액 꺼내기(블렌딩)
▶ P.146

숙성을 마친 원액을 나무통에서 꺼냅니다. 그러고 나서 물을 넣어 알코올 도수를 조정하거나 혹은 블렌디드 위스키의 경우에는 수십 종류의 원액을 섞어 만드는 블렌딩을 합니다.

⑤
숙성
▶ P.144

숙성은 위스키 제조에서도 가장 오랜 시간을 소요합니다. 이 공정을 수십 년 거치면 무색투명한 액체에 색이 들어가면서, 우리가 잘 아는 호박색과 향기가 배게 됩니다. 그리고 나무통에 담을 때 알코올 도수는 대략 63.5% 정도 됩니다.

⑦
보틀링
▶ P.147

마지막으로 위스키를 병에 담는 보틀링 작업이 있습니다. 보틀링이 끝나면 라벨을 붙이고, 드디어 출하를 기다리게 된답니다.

다음 페이지부터는 각 공정을 자세히 설명해 줄게.

① 몰팅·건조

원료를 수확한 후, 킬른에서 건조할 때까지

위스키의 원료가 되는 곡물. 특히 몰트 위스키의 원료가 되는 두줄보리는 영국 주변이 가장 유명한 생산지입니다. 앞에서 설명했던 것처럼 우선 맥아(몰트)로 만들기 위해 몰팅을 하고, 그 후에 건조 작업을 합니다.

두줄보리는 금방 발아하지 않기 때문에 수확 후에 1~2개월 동안 휴면시킵니다. 이때 크기별로 분류해서 결과물이 일정해지게끔 하는 작업도 합니다.

양조용 물

위스키 제조 시에는 '양조용 물'이 사용됩니다. 물을 대량으로 쓰는 증류소에서는 질 좋은 물이 필수적이지요. 양조용 물은 미네랄 균형이 잘 잡힌 천연수가 좋으며, 스코틀랜드나 일본에서는 미네랄이 적은 연수가 사용됩니다. 버번 산지인 켄터키주에서는 석회석으로 여과한 '레몬스톤 워터'라는 용천수가 쓰여요.

담금

수확하여 휴면시킨 두줄보리를 우선 물에 담갔다가 공기를 쐬게 하는 '담금' 작업을 반복합니다. 대략 이틀 정도 이 작업을 함으로써, 보리에 함유된 수분량이 적당해지고 발아 준비가 됩니다.

발아

보리에서 어린 싹이 1~2cm 정도 나오면, 몰팅을 해서 발아를 촉진합니다. 이때 바닥에 펼친 보리를 나무 삽으로 휘저어서 공기를 잘 통하게 합니다. 휘젓지 않으면 어린 뿌리가 얽히는 원인이 되기 때문입니다. 최근에는 이 작업을 기계로 하는 것이 일반적이지만, 사람 손으로 직접 하는 '플로어 몰팅(→P.77)'을 이어가는 증류소도 있습니다. 일본에서는 이치로즈 몰트의 벤처 위스키가 아주 소량의 보리로 플로어 몰팅을 합니다.

건조

보리가 발아를 시작하면, 중간에 성장을 멈추게 하기 위해 건조합니다. 건조는 '킬른 (→P.66)'이라고 불리는 건조로에서 피트 등을 태워 온풍을 쐬게 합니다. 여기까지의 작업을 '제맥'이라고 부릅니다. 일본의 많은 증류소에서는 이 제맥 작업이 된 몰트를 수입해서 위스키를 만들지요.

❷ 당화(매싱)

제맥 후, 몰트에 뜨거운 물을 넣어 당화시킨다

다음으로 당화(매싱) 작업을 합니다. 당화란, 몰트에 포함된 전분질을 당으로 바꿔서 당에서 발효에 필요한 보리즙을 추출하는 작업을 일컫습니다.

우선 몰트를 가루로 분쇄한 후에 '당화조(매쉬 툰, mash tun)'라고 하는 거대한 탱크에 넣습니다. 당화조 안에는 갈퀴 형태의 기계(레이크, rake)가 있으며, 이걸 사용하여 뜨거운 물과 함께 섞습니다. 이 작업에 의해 점점 당화가 진행되어 알코올이 생성됩니다.

분쇄

우선 몰트를 가루로 분쇄합니다. 그레인 위스키의 경우, 이때 다른 곡물도 함께 가루로 갑니다. 분쇄 정도의 입자 크기 순서로 '허스크(husk)', '그리츠(grits)', '플라워(flour)'라고 부르며, 이 가루를 총칭해서 '그리스트(grist)'라고 합니다.

허스크

그리츠   플라워

당화

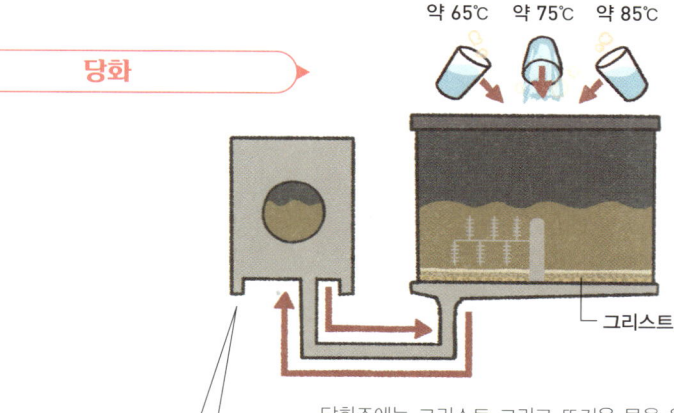

1회째
약 65℃

2회째
약 75℃

3회째
약 85℃

그리스트

언더백에서 보리즙의 상태를 확인하고 식힌 후, 다음으로 발효 공정으로 넘어갑니다. 그리고 당화조에는 마지막으로 '드래프트(draft)'라는 찌꺼기가 남는데, 이것은 가축용 먹이가 됩니다.

당화조에는 그리스트 그리고 뜨거운 물을 온도별로 기계를 사용해서 3회에 걸쳐 넣은 다음 휘젓습니다. 1회에는 약 65℃, 2회에는 약 75℃, 3회에는 약 85℃의 물을 넣어요. 이렇게 해서 첫 번째 보리즙, 두 번째 보리즙, 세 번째 보리즙을 얻을 수 있으며, 여과된 후에는 '언더백(underback)'이라고 불리는 다른 탱크로 옮겨놓습니다.

③ 발효

당화한 보리즙을 효모로 바꾸어 발효

당화한 보리즙은 '발효조(워시백, washback)'라고 불리는 탱크에 20℃ 전후로 온도를 낮추어서 옮깁니다. 그리고 거기에 효모를 넣으면 발효가 시작됩니다. 본고장인 스코틀랜드에서는 페이스트 상태인 '프레스 효모', 그리고 액상인 '리쿼드 효모'가 주로 사용되는데, 일본에서는 대부분 증류소에서 건조시킨 '드라이 이스트'를 씁니다. 효모는 시간이 지나면서 질이 저하되기 때문에, 증류소에서 이를 배양하는 장소도 있고, 흑효모를 자가 배양하는 증류소도 있습니다.

발효가 시작되고 약 15시간이 지나면 효모가 활발하게 활동하기 시작합니다. 온도는 30~35℃까지 상승하고, 32℃를 넘으면 효모는 약해지며 증식이 점차 멈추게 됩니다.

40시간이 경과하면 이번에는 효모의 양이 줄기 시작하는데, 많은 증류소에서 48~72시간 정도를 들여 알코올 도수 7~9%의 산미가 강한 보리즙을 만듭니다. 이 보리즙이 다음에 있는 증류 공정으로 옮겨집니다.

발효 시에 효모나 유산균 등 미생물의 활동에 의해 위스키다운 풍부하고 개성적인 향이 생겨난다고 합니다.

효모는 귀하고 비싸지만, 많은 양을 쓰지 않으면 좋은 위스키를 만들 수 없어!

효모의 작용

효모에서는 '에스테르(ester)'라는 유기화합물이 생성되는데, 그게 서양 배나 바나나 같은 좋은 향기를 내!

흑효모는 에스테르의 일종인 '락톤'을 만들어내지. 달콤한 복숭아나 코코넛 같은 질 좋은 향기를 만들어주는 중요한 일꾼이야.

보리즙

효모에 의해 보리즙 속의 당이 알코올로 변합니다. 사용되는 다른 효모로는 맥주 효모(에일 효모), 증류소가 자가 배양하는 디스틸러 리즈 효모 등 여러 가지를 사용할 때도 있습니다.

④ 증류

알코올 도수를 높이고 향기를 이끌어낸다

증류란 증류기를 사용해서 알코올 도수가 7~9%의 보리즙을 알코올 도수가 더 높은 위스키 스피릿으로 만드는 작업입니다. 발효가 끝난 보리즙은 몰트 위스키일 때는 '단식 증류기(→P.143)', 그레인 위스키라면 '연속식 증류기(→P.143)'라고 불리는 증류기로 옮겨 가열합니다. 가열하면 보리즙에 포함된 알코올 성분이 먼저 증발해서 기화합니다. 그 기체가 된 알코올 성분을 다시 식혀 액체로 만듦으로써 도수가 높고 진한 스피릿을 추출할 수 있지요. 이 증류 온도는 증류소나 증류하는 위스키의 종류에 따라 다릅니다.

또한 몰트 위스키에 사용되는 단식 증류기는 '포트 스틸'이라고도 부르는데, 여기에는 몇 가지 종류가 있습니다. 다음 페이지에서 소개하겠지만, 기본적인 구조는 아래 일러스트와 같은 모양입니다. 또한 스틸이라는 이름을 듣고 착각하기 쉬운데, 포트 스틸은 철이 아닌 구리로 만들어져 있고 이 구리가 발효 시 생긴 나쁜 냄새를 잡아주는 역할도 합니다.

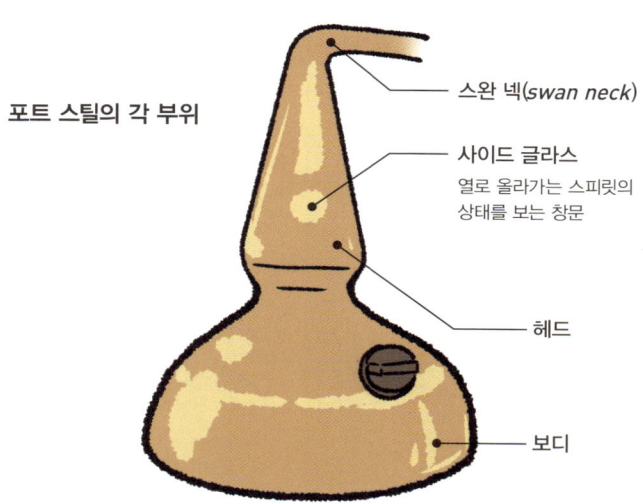

포트 스틸의 각 부위

스완 넥(swan neck)

사이드 글라스
열로 올라가는 스피릿의
상태를 보는 창문

헤드

보디

증류에는 직화 가열과 간접 가열이 있으며, 직화 가열에서는 아랫부분이 그을릴 수밖에 없지만 그만큼 술의 질에 복잡함이 더해져 묵직함을 갖게 됩니다. 대부분의 증류소가 간접가열식을 채용하고 있습니다. 캔이나 파이프를 포트 스틸 밑에 깔고, 그 안에 증기를 넣어 가열합니다.

위스키의 맛을 좌우하는 증류기의 형태

조금씩 형태가 다른 게
참 재밌네요!

포트 스틸은 증류 시의 가열 온도가 비교적 낮아서 스피릿에는 알코올만이 아니라 재료의 풍미가 강하게 남게 됩니다. 그래서 각 증류소는 자사의 개성적인 풍미를 돋보이게 하기 위한 목적으로 여러 형태의 증류기를 고안했지요. 여기서는 유명한 몇 종류를 소개할게요.

랜턴형
목 부분을 실로 조인 것처럼 쏙 들어간 모양입니다. 알코올이 올라가는 속도가 느려져서 벌지형과 마찬가지로 복잡한 맛을 갖게 됩니다.

[
● 라프로익
● 글렌리벳 등
]

스트레이트형
통칭 '양파형'이라고 불립니다. 양파처럼 생긴 포트에 곧게 뻗은 목이 붙은 형태로, 알코올과 구리가 잘 맞닿은 덕분에 보디감이 있는 위스키를 만들 수 있다고 합니다.

[
● 맥캘란
● 로열 로흐나가 등
]

로몬드 스틸(*lomond still*)형
기계식의 연속식 증류기(→P.143) 구조를 단식 증류기에 도입한 것입니다. 목 부분이 가동식 3단 높이로 되어 있어, 증류할 때 알코올의 순도를 미세하게 조정할 수 있습니다.

[● 스카파]

벌지(bulge, 볼)형
둥그렇게 부푼 공처럼 생긴 부분에 알코올이 싸입니다. 시간을 들여 증류할 수 있어서, 복잡하고 깊은 맛이 있는 위스키가 만들어집니다.

[
● 글렌드로낙
● 글렌파클라스 등
]

스피릿 세이프로 분류

몰트 위스키 제조에서는 통상적으로 증류를 2~3회를 반복합니다.

처음으로 증류된 것을 '초류(初留)'라고 부르며, 잡맛과 향을 많이 품은 알코올 도수 20~25%의 증류액입니다. 그리고 그걸 다시 증류(재류, 再留)함으로써 알코올 도수가 높은 65~70%의 스피릿을 만들게 됩니다.

또한 증류기 속에서도 증류는 반복됩니다.

그레인 위스키 제조의 경우, 연속식 증류기라고 불리는 증류기를 사용합니다. 연속식 증류기는 높다란 두 개의 탑 같은 형태를 취하고 있으며, 발효조에서 보내진 보리즙 공급과 증류를 연속적으로 처리할 수 있습니다.

증류가 끝나고 증류기에서 나온 스피릿은 맨 처음의 것을 '포어숏(foreshot)', 중간을 '미들(middle)', 마지막을 '페인츠(feints, 혹은 테일(tail))'로 나눕니다. 이것들은 '스피릿 세이프'라고 불리는 밀폐된 구리제 검사기로 들어가, 미들 부분만 빼내서 다음 숙성 단계로 넘어갑니다.

연속식 증류기(코페이 스틸, coffey still)
내부가 몇 개나 되는 단 형태이며, 그곳을 보리즙이 통과하여 가열(기화)이 반복됩니다.

**단식 증류기
(싱글 포트 스틸)**
첫 증류용 워시 스틸과 그에 이어지는 재증류용 스피릿 스틸이 있습니다.

스피릿 세이프
세이프(금고)라는 이름대로 잠금장치가 달린 검사기로, 증류소의 책임자만이 열쇠를 갖고 있습니다. 골동품처럼 아름다운 형태로, 한때 증류소가 탈세하지 못하도록 만들어진 것이라고 합니다.

⑤ 숙성(저장)

나무통에 담아 맛과 향기를 키운다

숙성이란, 갓 증류해 거칠어진 스피릿을 나무통에 담아 시간을 보내는 것을 의미합니다. 증류기에서 나온 스피릿은 투명해서 화이트 스피릿이라고 불리는 상태지요. 이 액체는 매우 알코올 도수가 높아, 물을 넣어 도수를 약 63.5% 전후로 조정하면서 나무통 안에 담습니다. 통에 담으면 최저 10년 이상 숙성시킵니다.

여기까지 위스키 제조 공정은 뺄셈과도 같은 상황이었지만, 이제 덧셈처럼 위스키의 맛과 풍미를 만들어 나가게 됩니다.

숙성 중에 스피릿은 나무통이 가진 프루티한, 혹은 피티한 풍미로 변하면서 호박색을 띄는 위스키 원액이 됩니다. 33~35페이지에서 소개한 대로 나무통의 소재가 되는 원목에는 몇 가지 종류가 있으며, 나무통에 따라 색과 맛도 달라집니다. 또한 나무통의 크기에도 종류가 있어요. 작은 사이즈일수록 원액과 접촉하는 면이 늘어나기 때문에 숙성이 빨라지고, 클수록 숙성은 천천히 진행됩니다.

나무통 사이즈별 명칭

쿼터 캐스크
용량 : 약 50ℓ

버번 배럴
용량 : 약 200ℓ

호그스헤드(hogshead)
용량 : 약 250ℓ

셰리 버트(sherry butt)
용량 : 약 500ℓ

여기서는 나무통 사이즈의 예를 소개합니다. 쿼터 캐스크는 버번 배럴의 1/4 사이즈로 아담하고, 셰리 버트나 펀천(puncheon)이라고 불리는 굵직하고 둥근 형태의 나무통은 약 500ℓ의 대용량 사이즈입니다.

좋은 셀러란?
셀러 안에 흑곰팡이가 잔뜩 붙어 있는 곳은 좋은 셀러라고 합니다. 예를 들어 보모어의 제1셀러 등에서 이를 볼 수 있는데, 그 흑곰팡이 안의 흑효모가 위스키에 좋은 영향을 주고 있다고 하지요.

나무통의 종류에 따른 위스키의 변화

스카치 등에 사용되는 미국산 화이트 오크(버번 배럴), 유럽산 유러피안 오크, 일본에서 주로 사용되는 물참나무통, 그리고 세계 제일이라고 하는 스패니시 오크 등 나무통에는 여러 가지 종류가 있습니다. 나무통에 함유된 탄닌의 양이나 다른 성분의 차이가 있어서 완성된 위스키의 색이나 풍미, 맛에 차이가 생겨납니다.

예를 들어, 스패니시 오크통에서는 호박색이 더욱 진하게 나타납니다. 화이트 오크통이면 옅은 황금색, 물참나무통은 더 옅은 색이 나오며, 여기서 20년 이상이 지나면 향목과 같은 강렬한 향기가 남습니다.

또한 그 나무통에서 이전에 어떤 술이 만들어졌느냐는 점도 중요합니다. 33페이지에서 소개한 것처럼 이런 나무통은 '리필 캐스크'라고 불리며, 버번을 만드느라 한 번 사용된 리필 캐스크는 바닐라 같은 향이 배어 있습니다. 셰리 리필 캐스크에서는 달콤한 향과 과일 향기가 나지요. 그 외에도 와인이나 포트 와인 등 여러 종류의 리필 캐스크를 숙성 연도별로 나누어 사용해 위스키에 깊이를 더할 수도 있습니다.

숙성이 진행되면 나무통 속의 알코올이 조금씩 증발(증산)해서 양이 줄어드는데, 이 현상을 '엔젤스 셰어(angel's share, 천사의 몫)'이라고 부릅니다.

원액의 증산

12년산 / 50년산

「엔젤스 셰어」는 영화 제목으로도 나온 적이 있지, 2012년 영화인데, 무대는 스코틀랜드 딘스톤 증류소야.

숙성이 진행되면서, 나무통 틈새나 원목의 작은 구멍을 통해 조금씩 알코올이 밖으로 샙니다. 그래서 나무통을 보관하는 셀러에서는 원액의 좋은 냄새가 나요.

❻ 원액 꺼내기(블렌딩)

오랜 잠에서 원액을 깨워 맛을 정돈한다

숙성이 끝나면 오래 잠들어 있던 원액을 나무통에서 꺼내게 됩니다. '벙(bung)'이라고 불리는 나무통을 닫는 마개를 뽑아, 안에 있는 원액을 모두 빼냅니다. 이때 위스키와 같이 나무통에서 검은 먹 같은 것이 대량으로 나옵니다. 이건 나무통에 차 작업을 했을 때 생긴 그을음 같은 것으로, 우선 이걸 여과해서 원액을 깔끔하게 만듭니다.

깨끗해진 원액은 증산으로 인해 알코올 도수가 매우 높아진 상태이므로, 몰트 위스키일 때는 물을 넣어 알코올 도수를 조절합니다. 물을 넣지 않고 그대로 병에 담는 '캐스크 스트랭스(→P.37)'라는 위스키도 있지요.

블렌디드 위스키일 때는 꺼낸 몰트 원액이나 그레인 원액을 '블렌딩'합니다. 블렌딩이란 원액끼리 섞는 것을 뜻하며, 이 조합 작업을 하는 사람이 '블렌더(→P.148)'입니다. 한 상표를 두고 때로는 수백 종류까지 원액을 조합해야 해서 블렌더에게는 풍부한 지식과 경험이 요구됩니다.

향기와 맛을 결정하는 블렌더

블렌더는 숙련된
위스키 장인입니다.

블렌더는 혀가 생명이지!
식사에도 신경 쓰며, 매운 음식은
전혀 먹지 않는대.

그 증류소에 있는 모든 원액, 나무통의 상태를 파악하여 그때마다 최고의 향기와 맛을 표현하는 블렌더. 예를 들자면 마치 오케스트라의 지휘자 같은 존재입니다.

⑦ 보틀링

위스키 제조의 마지막 공정

알코올 도수와 맛이 조절된 원액은 이 보틀링 공정에서 드디어 병에 담기게 됩니다. 현재 대부분의 증류소에서는 기계를 사용하여, 컨베이어 벨트를 통해 보틀 안에 위스키를 담고 있어요. 보틀링 중에 이물질이 들어가면 안 되기 때문에 각 증류소는 청결한 전용 방에서 이 작업을 하며, 보틀링을 한 후에는 코르크 마개 혹은 스크류 마개로 봉인합니다. 이전에는 위스키 봉인에 거의 코르크 마개가 사용됐지만, 목제 코르크는 열화해서 병을 딸 때 보틀 안에 조각이 들어갈 수도 있으므로 현재는 스크류 마개가 많이 쓰이게 됐습니다.

그 후, 보틀에 라벨을 붙입니다. 이것도 기계가 작업하는 경우가 많지만, 그래도 라벨이 뒤틀리거나 주름이 지는 경우가 있다고 합니다. 마지막으로는 사람이 직접 확인해서 수작업으로 다시 붙입니다. 이렇게 한 병씩 확인을 거친 보틀은 위스키 제품으로 완성됩니다.

위스키의 에이징

10년

아직 어리고
활발한 소녀!

20년

한창 나이의
멋지고 예쁜
아가씨!

30년

성숙하고 섹시한
성인 여성!

50년

모든 걸 포용하는
경험을 쌓은
멋진 여자!

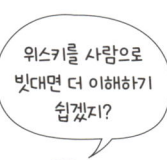

위스키를 사람으로
빗대면 더 이해하기
쉽겠지?

위스키 보틀에 연도가 표시되어 있는데 이는 빈티지 연도를 의미하는 것이 아니며, 이런 연도를 '에이징'이라고 부릅니다. 보틀에 '10년'이라고 적혀 있으면 숙성 연도가 10년 이하의 원액은 넣으면 안 됩니다. 최소 15~20년 정도의 숙성을 거친 원액이 블렌드 되어 있어요. 제일 낮은 에이징을 표기하도록 법률로 정해져 있습니다.

위스키와 관련된 사람들

전문가들의 힘으로 완성되는 위스키 업계

여기까지 위스키가 제조되는 과정에 관해 소개했습니다. 여러 사람의 힘으로 만들어지는 위스키지만, 꼭 증류소에서 일하는 사람만이 위스키 제조와 관련된 건 아닙니다. 그외에도 위스키와 얽혀 있는 업무는 많이 있으며, 그런 종사자들 덕분에 위스키는 우리에게까지 전해질 수 있는 거예요.

여기서는 그런 위스키와 관련된 일과 자격을 조금이나마 소개하고자 합니다.

증류소에서 일하는 위스키 제조의 얼굴

블렌더

블렌더는 앞선 페이지에서 소개했던 '블렌딩' 작업을 하는 사람으로, 위스키 제조에서 가장 중요한 역할을 맡고 있습니다. 몇 가지나 되는 원액의 향기를 구분하고 증류 및 숙성이 된 후 최적의 레시피를 찾아내고, 때로는 신상품을 만들어내기도 합니다. 증류소의 톱 블렌더를 치프 블렌더, 마스터 블렌더라고 부르고, 그곳에서 제조되는 모든 위스키의 맛을 결정합니다.

MEMO

증류소에서 일하는 그 외의 전문가들

그 외에도 증류소에는 당화 상태를 관리하는 '매시맨', 증류기를 관리하는 '스틸맨', 나무통과 창고를 관리하는 '캐스크맨' 등 여러 전문가들이 일하고 있습니다. 본고장인 스코틀랜드에는 기계에 의존하지 않고 직접 작업하는 증류소가 몇몇 있는데, 이곳의 캐스크맨은 중노동이 요구되어 임금도 높다고 합니다.

바텐더

호텔과 도시에 위치한 BAR에서 손님에게 술을 제공하는 일입니다. 위스키만이 아니라 주류 전반에 관한 폭넓은 지식과 칵테일 제조 기술도 요구되지요. 위스키를 제공할 때 이를 따르는 법, 또한 온도록 얼음의 형태 등 손님을 눈으로도 즐겁게 해주는 일이랍니다.

위스키 코노셔(Whisky Connoisseur)

'코노셔'란 '감정사'라는 뜻입니다. 위스키 소믈리에라고 해야 할까요. 위스키 코노셔는 자격의 일종입니다. 이 자격을 살려 음식점이나 판매점 등에서 위스키의 매력을 전하는 일을 한답니다.

앰버서더

위스키 제조사 직원으로서 판매만이 아니라 마케팅, 때로는 해외로 나가 자사 위스키를 선전하는 등의 다양한 영업 활동을 합니다. 제조자들과 팀이 되어 함께 위스키의 매력을 전파하는 중요한 업무지요.

바이어

주로 전문점에서 위스키 판매를 하는 일입니다. 위스키를 비롯한 주류 지식은 물론이고, 세계적 기준의 가격 추이를 알아보거나 구매 및 매입도 합니다. 최근 높아지는 위스키의 인기 덕분에 주목받는 직종이기도 해요.

위의 직업 중에 사장님은 바텐더라는 거네요?

바텐더가 얼마나 힘든 일인지 아니? 기본 업무는 청소야. 그리고 눈 뜨고 있을 때는 매일 16시간은 술 공부를 해야 하지. 하지만 많은 사람을 만나니까 즐겁고 보람도 있는 일이야.

위스키와 어울리는 요리

요리와 같이 곁들이는 위스키

하이볼 등을 제외하고, 식사와 같이 위스키를 즐기는 사람은 그리 많지 않을 거예요. 위스키는 기본적으로 '식후주'에 해당하기 때문이지요. 또한 식사 전에 마시는 '식전주'로도 적합하지 않아요.

다만 어떤 조합을 하느냐에 따라 위스키의 풍미를 더 깊이 즐기면서 요리도 맛있게 먹을 수 있답니다.

식사와 같이 즐기는 '식중주(食中酒)'는 맥주나 와인이 제일 일반적이죠!

예를 들어, 생선 요리에는 '로열 로흐나가', '야마자키', '하쿠슈' 등의 미디엄 테이스트가 어울리지요. 육류 요리에는 스파이시한 '라프로익', '보모어' 등이 좋아요. 그리고 디저트와 같이 즐긴다면 프루티 테이스트인 '맥캘란'이 딱 알맞답니다.

위스키의 종류에 맞는 요리의 예

프루티한 위스키

- 디저트 대부분

스모키한 위스키

- 비프 스테이크
- 훈제 요리
- 카레(해산물 들어간 것)
- 화이트 스튜

버번 위스키

- 육류 요리 대부분
- 카레(육류 들어간 것)
- 비프스튜

블렌디드 위스키

- 초밥
- 개운한 맛의 중화요리

테네시 위스키

- 사과가 들어간 디저트
- 초콜릿 등의 디저트

미디엄한 위스키

- 생선 요리 대부분

추천할 만한 메인 요리

닭튀김

미디엄 테이스트면서 라이트 보디를 느끼게 하는 재패니즈 위스키가 잘 어울려요.

스테이크

고기에서 흘러나온 지방과 위스키는 절묘한 궁합을 자랑해요! 버번이나 테네시 위스키를 추천합니다.

교자 만두

'히비키' 같은 블렌디드 위스키가 잘 어울립니다. 교자 만두 속 육즙은 최고의 안주!

가다랑어 타다키

'이치로즈 몰트'나 '스프링뱅크' 등 미디엄 테이스트면서 풀 보디 위스키가 잘 어울립니다.

치쿠젠니

야채와 고기의 감칠맛 모두를 느낄 수 있는 조림 요리인 치쿠젠니는 프루티한 '달모어'나 '에드라두어'가 잘 맞아요.

마파두부

맛이 진한 마파두부 등의 중화요리는 라이트하면서 미디엄 테이스트를 가진 블렌디드 위스키가 어울린답니다.

금방 준비할 수 있는 기본 안주

가벼운 안주라도 위스키를 더 깊이 즐길 수 있다!

굳이 잘 차린 요리가 아니더라도 편의점 등에서 쉽게 구할 수 있는 안주도 좋아요! 취향에 따라 다르겠지만, 여기서는 추천할 만한 안주의 예를 소개합니다.

견과류

스파이시하고 짭조름한 풍미를 가진 견과류는 폭넓게 여러 위스키와 어울려서, 그야말로 왕도와 같은 안주라 할 수 있습니다. 그중에서도 피티한 스카치 위스키가 잘 맞아요. 버번에는 피스타치오를 추천합니다.

치즈

블루치즈라면 피티한 위스키가 잘 맞습니다. 스모크 치즈라면 스모키한 위스키, 딱딱한 치즈는 미디엄, 크리미한 치즈는 프루티 테이스트를 추천합니다.

말린 과일

맛을 길게 즐기고 싶은 사람에게 추천하고 싶은 안주입니다. 말린 람부탄(리치)이 있다면 꼭 위스키와 맛보세요. 함께 즐길 위스키는 프루티한 맛으로 고르면 좋습니다.

디저트

위스키 중에서는 바닐라 풍미가 느껴지는 것이 많아서, 특히 바닐라 아이스크림과 먹으면 잘 어울려요. 그 외에 양갱이나 와라비모찌 같은 떡, 팥이나 흑당이 들어간 것 등 화과자 종류와도 잘 어울린답니다.

초콜릿

견과류와 마찬가지로 다양한 타입의 위스키와 잘 어울리는 만능 안주입니다. 과일 맛이 나는 초콜릿이라면 프루티한 위스키, 비터 초콜릿이면 스모키, 마일드 초콜릿이라면 미디엄이 좋아요.

산지별 추천 안주

세계 각지의 향토 요리와 위스키를 맛보자

위스키처럼 음식에도 국가와 지역에 따라 개성이 있지요. 이런 향토 요리들 중 위스키와 어울리는 것을 소개하겠습니다.

일본

양갱

재패니즈 위스키 '야마자키', '하쿠슈', '요이치' 등과 잘 어울리고, 더 깊은 단맛을 즐길 수 있어요.

이부리갓코

훈제 단무지인 이부리갓코는 피트 맛을 느낄 수 있는 일본 위스키 '이치로즈 몰트', '쓰누키'와 찰떡궁합이에요.

오일 사딘

피트향이 강한 위스키와 함께 먹는 게 좋아요. '탈리스커'를 추천합니다.

스카치 브로스

스코틀랜드의 엄마 손맛에는 '라가불린'이 잘 맞아요.

스코틀랜드

생굴

'라프로익'이나 '보모어' 등 스모키한 위스키를 살짝 흘려 먹으면 최고!

해기스&매쉬 포테이토

양 내장을 사용한 스코틀랜드 전통 요리입니다. '아드벡'과 같이 먹어보세요.

훈제 연어

아일라 위스키 등 피트 향이 강한 위스키가 특히 잘 어울려요.

아일랜드 및 캐나다

푸틴

캐나다를 대표하는 감자 튀김입니다. 추천하는 위스키는 '앨버타 스프링스'입니다.

팝콘

버터보다도 캐러멜 맛이 '메이커스 마크'와 딱 맞습니다.

미국

쇠고기 육포

'와일드 터키'나 '버팔로 트레이스'의 안주로 먹으면 맛있어요.

칵테일 소개

칵테일 즐기는 법

위스키를 베이스로 하는 칵테일을 위스키 칵테일이라고 합니다. 위스키 칵테일의 역사는 오래됐는데, 19세기경부터 바텐더들은 여러 가지 위스키를 가지고 위스키만큼이나 개성 넘치는 칵테일을 만들어냈습니다.

또한 프루트 위스키에 맞는 음료나 여러 과일, 주스, 우유, 그 외의 술, 커피 등 브랜드에 따라 폭넓은 풍미를 가지고 있어서, 그만큼 칵테일 종류도 풍부하답니다.

상큼한 레몬의 산미
존 콜린스

[Recipe]
위스키(라이 위스키가 일반적임) … 30㎖
레몬주스 … 15㎖
소다 … 적당량
검시럽 … 10㎖

이를 고안한 영국인 웨이터의 이름에서 유래했습니다. 이를 고안했던 당시에는 위스키가 아니라 진이 베이스였고, 칵테일 이름도 '톰 콜린스'였습니다. 그래서 존 콜린스는 다른 이름으로 위스키 콜린스라고 불러요.

기분은 이탈리아 마피아
갓 파더

영화 『대부』에서 따온 이름으로, 개봉 후에 탄생했다는 칵테일입니다. 레시피는 단순하지만, 아마레토에서 오는 아몬드 향기와 단맛에 스카치 위스키의 강렬한 풍미가 절묘한 궁합을 이룹니다.

[Recipe]
스카치 위스키 … 30㎖
아마레토 … 15㎖
오렌지 필 … 적당량

도시적이며 개운한 맛
뉴욕

[Recipe]
버번 … 30㎖
라임 … 15㎖
그레나딘 시럽 … 1티스푼
검시럽 … 8㎖

그 이름대로 개운한 맛이 그야말로 뉴욕다운 도시적 느낌의 칵테일입니다. 버번 이외에도 마찬가지로 아메리칸 위스킨 라이 위스키 등으로 만들 때도 있습니다.

맨해튼

[Recipe]
라이 위스키 … 30㎖

스위트 베르무트 … 13㎖
앙고스투라 비터 … 1방울
오렌지 껍질 … 적당량
마라스키노 체리 … 1개

세계 각지에서 많은 사랑을 받는 위스키 칵테일입니다. '마티니'와 함께 칵테일의 여왕이라고 불리지요. 베이스가 되는 라이 위스키를 스카치 위스키로 바꾸면 '롭 로이'라고 불리는 칵테일이 된답니다.

하이랜드 쿨러

스코틀랜드 북부 하이랜드 지역의 고원을 이미지한 칵테일입니다. 그래서 베이스가 되는 것은 하이랜드 위스키일 경우가 많아요. 개운한 맛이 특징이고, 1년 내내 자주 마시는 칵테일입니다.

[Recipe]
스카치 위스키 … 30㎖

레몬주스 … 13㎖
설탕 시럽 … 10㎖
진저에일 … 적당량

클론다이크 쿨러

[Recipe]
캐나디안 위스키 … 30㎖

오렌지 주스 … 30㎖
진저에일 … 적당량
오렌지 껍질 … 적당량

클론다이크는 1890년대 골드러시로 들끓던 캐나다 지역입니다. 그 황금빛을 딴 칵테일이며, 나선형으로 잘라낸 오렌지 껍질도 인상적이지요. 베이스 위스키는 캐나다의 라이 위스키를 쓰는 게 일반적입니다.

러스티 네일

드램부이는 매우 역사적이며 유명한 위스키 리큐르입니다. 러스티 네일이란 그 이름대로 '녹슨 못'이라는 뜻으로, 오래된 음료를 의미하는 속어입니다. 그러나 실제로는 제2차 세계대전 이후에 탄생한 칵테일로 그리 오래된 것은 아닙니다.

[Recipe]
스카치 위스키 … 30㎖
드램부이 … 15㎖

올드 패션드

위스키 칵테일 중에서도 유서가 깊은 것이라 할 수 있습니다. 1800년대 후반, 영국의 전 수상 처칠의 어머니가 고안해 냈다는 설도 있고, 롱 글라스를 올드 패션드(글라스)라고 부르기도 해서 이 잔으로 칵테일을 마시는 것이 일반적이랍니다.

[Recipe]
아메리칸 위스키 … 30㎖
앙고스투라 비터 … 2방울
각설탕 … 1개
컷 프루츠 … 적당량

민트 줄렙

남북 전쟁 때부터 마셨다고 하는 미국 남부 지방의 전통적 위스키 칵테일입니다. 켄터키주의 사람들이 가장 사랑하는 칵테일이라고도 하지요. 버번과 신선한 민트의 궁합이 좋고, 만드는 사람마다 다양한 레시피가 있는 것도 특징이랍니다.

[Recipe]
버번 … 30㎖
소다 … 적당량
검시럽 … 10㎖
민트 잎 … 10~20장

아이리시 커피

아일랜드 공항의 레스토랑 바에서 지금으로부터 80년도 훨씬 전에 탄생한 칵테일입니다. 당시에는 대합실이 추워서 승객의 몸을 덥히기 위한 아이디어 음료였지요. 설탕, 핫커피, 아이리시 커피 순서로 넣습니다.

[Recipe]
아이리시 위스키 … 30㎖
핫 커피 … 약 180㎖
설탕 … 1작은술
생크림 … 적당량

보틀러즈와 나무통 판매 및 구매 시 주의사항

보틀러즈 위스키란. 증류소에서 다른 기업이나 개인이 원액을 구입하여 독자적으로 숙성하거나 블렌딩하여 만든 위스키를 뜻합니다. 보틀러즈로 맛있는 위스키를 발견하는 건 매우 어려우므로, 위스키 초보자는 우선 오피셜 위스키를 맛보면 좋겠습니다.

그리고 나무통 판매 혹은 구매에 대해서 말씀드리겠습니다. 숙성이 끝난 위스키를 나무통 단위로 판매하는데, 뉴 스피릿(증류 직후의 원액)이 거래될 때도 있어요. 그래서 나무통 판매에 대해서는 찬반론이 있습니다. 제조자는 자기 자식을 잃는 기분이라고 말하지요. 저도 그리 좋다고 생각하는 편은 아닙니다. 위스키는 최소 10년은 숙성시키는 게 좋으니까요. 하지만 그래서는 증류소를 운영하기 힘드니까 뉴 스피릿의 가격으로 나무통을 판매합니다. 경영 면에서 생각하면 참 마음 복잡한 부분이 아닐 수 없습니다.

나무통을 구매하는 측 역시 문제 발생을 주의해야 합니다. 저 역시 나무통의 관리가 제대로 안 되어서 증산 작용이 심하거나 혹은 내용물이 적은 등의 문제에 대해 손님으로부터 들은 적이 있습니다. 꼭 나무통 구매를 하고 싶을 때는 다음의 세 가지를 주의하세요.

❶ 우선 그 증류소의 치프 블렌더에 대해 알아보세요. 특히 그 증류소 출신인지, 그곳에서 몇 년 동안 경험을 쌓았는지가 중요합니다. 경력을 위해 이름만 올려두고 거의 일하지 않는 사람도 있습니다.

❷ 다음으로 그 증류소에서 위스키를 제조하는 현장입니다. 제조자와 운영자가 중요하지요. 믿을 만한 사람이 일하는지 꼭 알아봐야 합니다.

❸ 마지막으로 증류소의 셀러를 보고 보존 상태를 파악하세요. 관리 상태가 나쁘면 아까 언급했던 증산 작용 문제로 이어질 수 있으니까요.

이상으로 세 가지 주의점을 설명했는데, 기본적으로 나무통 구매는 어렵고 힘들다는 점을 염두에 두세요. 맛있는 위스키는 쉽게 완성되지 않습니다. '뉴 스피릿의 맛이 안 좋으면, 아무리 나무통에서 숙성해도 맛이 나지 않는다'라는 것이 하쿠슈 증류소를 설립한 시마타니 유키오 씨의 말입니다.

인터넷에서 화제가 되기에 한 가지 더 말씀드릴게요. '빈티지' 위스키를 칭송하는 모습이 가끔 보입니다. 빈티지 위스키는 가격이 오르니까 지금 얼른 사두자……등으로요. 하지만 그건 불가능합니다. 와인과 달리 위스키에는 빈티지가 없어요. 이런 인터넷상 정보에 현혹되지 마세요. 나무통만이 아니라 보틀의 온라인 구매도 위험합니다. 판매처가 확실하다면 괜찮지만, 위스키 보틀도 위조되기 쉬우니까요. 보틀 바닥을 도려내서 내용물을 바꿔치기할 때도 있으니 구입 시에는 각별한 주의를 기울이는 게 좋습니다.

프루티
테이스트

그야말로 위스키의 여왕이라고
해도 손색이 없는 스카치를
대표하는 명품이지요

글렌드로낙 1978 31년
GLENDRONACH 1978 31 YEARS OLD

산지 : 스코틀랜드

도수 : 51.2%

30년이 넘는 숙성을 거쳐, 셰리 풍미를 풍부하게 끌어낸 글렌드로낙. 입에 머금으면 사과와 오렌지 등의 과일 맛에 이어 향기로운 호두 풍미가 어우러집니다. 스트레이트는 물론이고, 하이볼로도 고급스러운 맛을 즐길 수 있습니다.

맥캘란 18년
THE MACALLAN 18 YEARS OLD

산지 : 스코틀랜드

도수 : 43%

한때 맥캘란이 거의 매년 세상에 선보였던 것이 바로 '맥캘란 18년'입니다. 더욱 깊이를 더했다는 말이 어울리는 호박색을 띠고 있지요. 꾸준히 고집해 온 셰리 통 원액에서 블렌드한, 명품임이 느껴지는 위스키입니다. 혀에 살살 감기는 듯한 순하고 풍부한 셰리 향이 리치한 분위기를 연출합니다. '올드'라는 이름이 붙은 맥캘란은 연수가 얼마 안 된 것도, 오래된 것도 모두 맛이 훌륭하지만, 본고장인 스코틀랜드에서도 매우 희귀한 브랜드입니다.

글렌파클라스 30년
GLENFARCLAS 30 YEARS OLD

산지 : 스코틀랜드

도수 : 43%

스페이사이드에서 최대급 스틸로 증류된 후, 셰리 통에서 숙성되는 '글렌파클라스'. 30년이나 되었으니 다양한 특징이 더욱 강렬하게 느껴질 겁니다. 나무통에서 오는 우디한 향과 견과류나 오크의 숙성감 있는 맛이 나요. 상당히 농후해서 식후주로 즐기는 게 좋습니다.

에드라두어 22년
EDRADOUR 22 YEARS OLD

산지 : 스코틀랜드

도수 : 51.8%

프랑스 소테른 지방에서 만들어진 매우 단 '귀부(貴腐) 와인'. 바로 그 나무통에서 22년이라는 숙성 기간을 거쳐 완성된 것이 바로 '에드라두어 22년'입니다. 귀부 와인의 영향을 받은 이 위스키에서는 강렬한 단맛과 진저 같은 스파이스, 상큼한 허브의 느낌을 조화롭게 즐길 수 있습니다. 알코올 도수는 51.8%로 높은 편이지만, 상쾌한 목넘김을 느낄 수 있답니다.

부쉬밀 27년
BUSHMILLS 27 YEARS OLD

산지 : 아일랜드

도수 : 57.6%

부쉬밀은 에이징에 따라 제조법에서 차이가 나는 것이 특징입니다. 10년 미만의 것은 논 피트 맥아를 사용하여 스모키함이 없는 가벼운 입맛을 실현하지요. 10년 이상이 된 것은 포트 스틸로 증류하여 셰리 통에서 숙성합니다. 프루티하고 화사한 향기가 난답니다. 꼭 스트레이트로 즐겨보세요.

야마자키 18년
THE YAMAZAKI 18 YEARS OLD

산지 : 일본

도수 : 43%

안개가 자욱하며 온난습윤한 환경에서 나는 명수(名水)인 '이궁의 물'을 사용하여, 18년 이상 숙성된 셰리 통과 물참나무통 등에서 엄선한 원액을 블렌딩해서 만듭니다. 입에 머금으면 프루티하고 셰리 통과 물참나무통의 향이 복잡하고 섬세하게 섞이는 것이 느껴진답니다.

성장한 귀족 아가씨는 세계적으로 사랑받는 일본의 보물. 모두가 동경하는 위스키랍니다

스모키 테이스트

30년이나 숙성을 거쳐 생긴 풍요로운 맛은 그야말로 예술! 한번 경험해 보길 바라요

라프로익 18년
LAPHROAIG 18 YEARS OLD

산지 : 스코틀랜드
도수 : 48%

버번 통만으로 18년 이상 숙성된 원액을 블렌딩하여, 혼탁을 방지하기 위해 냉각 작업을 하지 않고 상온에서 여과합니다. 그래서 온더록이나 미즈와리로 마실 때 탁함이 발생할 수 있어요. 입에서 오일리한 느낌이 나며, 불탄 피트 맛에 프루티함과 스모키함이 콧속을 빠져나오는 감칠맛이 있어요.

라가불린 25년
LAGAVULIN 25 YEARS OLD

산지 : 스코틀랜드
도수 : 51.7%

25년간 숙성한 캐스크 스트랭스로, 도수가 높지만 개운한 맛이 납니다. 약간의 쓴맛 다음에 탄 캐러멜과 벌꿀 등을 느낄 수 있는 다채로운 풍미, 그리고 오래된 술에서 나는 스모키함과 다크 프루츠의 풍성한 향이 혀에 남습니다. 스트레이트로 체이서와 함께 교대로 즐기거나 혹은 트와이스업으로 향기의 꽃을 피우는 것도 좋아요.

아드벡 30년
ARDBEG 30 YEARS OLD

산지 : 스코틀랜드
도수 : 40%

아일라 몰트의 특징인 바다 내음을 30년의 숙성을 거친 달콤한 향이 감싸줍니다. 피트에서 유래한 스모키한 맛이 살짝 튀지만, 금방 깊이 있는 단맛이 되어 입안에서 번지면서 아이오딘 향의 여운이 이어집니다. 스트레이트로 맛보는 것이 일반적이지만, 몇 방울씩 물을 넣으면 향기의 꽃을 피우면서 맛이 변화하는 모습도 즐길 수 있답니다.

보모어 28년 빈티지 에디션
BOWMORE 28 YEARS OLD

산지 : 스코틀랜드

도수 : 47.8%

28년의 장기 숙성을 거친 보모어. 버번 통과 셰리 통에서 숙성할 때 파도의 물보라가 닿는 제1저장고에 재워놓기 때문에 락톤(lactone)의 작용에 의해 지방질이면서 풋사과 같은 향이 생깁니다. 이어서 시트러스와 스파이스의 달콤한 아로마에 레몬그라스와 진저, 망고 풍미가 난 다음, 코코넛의 달콤한 향이 혀에 남게 됩니다.

쿨일라 35년
COAL ILA 35 YEARS OLD

산지 : 스코틀랜드

도수 : 58.1%

쿨일라는 아일라섬의 스모키한 맥아를 피트로 잘 태우고, 로흐 남 반 호수의 피트 지층으로 여과된 미네랄이 풍부한 용천수로 만들기 때문에 스모키하고 피티한 풍미가 있습니다. 35년의 긴 숙성에 의한 감칠맛과 스모키하면서도 긴 여운을 즐기려면 스트레이트나 혹은 소량의 물을 넣어 천천히 맛보는 걸 추천해요.

포트 엘렌 25년
PORT ELEN 25 YEARS OLD

산지 : 스코틀랜드

도수 : 56.2%

포트 엘렌 25년은 아일라 몰트의 특징이라 할 수 있는 바다 내음에 오일리한 특유의 맛이 더해진 데다가, 약간 씁쓸한 감귤계 풍미 덕분에 인기가 많습니다. 스모키함과 피티한 풍미를 즐기려면 스트레이트를 추천하지만, 피티함을 줄이고 순한 풍미와 프루티함을 맛보고 싶을 때는 플로트를 권해드립니다.

몰트의 향수라고 하는 보모어 28년, 분명 당신도 포로가 될걸?

미디엄 테이스트

왕년의 오드리 헵번처럼 깊이 있는 표정을 보여주는 최상의 위스키랍니다

글렌피딕 카덴헤드 어센틱 컬렉션 31년
GLENFIDDICH 31 YEARS OLD

산지 : 스코틀랜드
도수 : 48.9%

입에 머금은 순간, 살구나 자두 잼 같은 숙성감이 있는 향기를 감싼 옅은 셰리 향이 가득 퍼집니다. 깊이 있는 단맛에 나무통에서 오는 풍성한 오크의 느낌, 몰티한 감칠맛이 남습니다. 숙성감을 즐기고 싶다면 스트레이트, 프루티함을 돋보이게 하고 싶다면 플로트를 추천합니다.

글렌모렌지 25년
GLENMORANGIE 25 YEARS OLD

산지 : 스코틀랜드
도수 : 43%

최상급 오크통에서 25년 이상 긴 시간을 들여 숙성되어, 입에 착 감기는 듯한 농밀한 맛을 가지고 있습니다. 블랙베리의 단맛이 난 후에, 상큼한 민트와 허브 풍미가 이어지면서 스파이시한 향미가 나타나 천천히 뒤를 따릅니다.

오반 21년
OBAN 21 YEARS OLD

산지 : 스코틀랜드
도수 : 57.9%

스코틀랜드에서도, 그 외의 지역에서도 인기 많은 위스키 '오반 21년'. 투명감이 있는 향기와 벌꿀 같은 크리미한 감촉까지. 상큼하고 깨끗한 여운을 길게 맛볼 수 있답니다. 시간을 천천히 들여 스트레이트로 한번 꼭 마셔보세요.

왕이 된 조지 4세의 힘찬 모습을 표현한 듯한 위스키지!

글렌리벳 22년
THE GLENLIVET 12 YEARS OLD

산지 : 스코틀랜드

도수 : 52.5%

시리즈 중 가장 긴 숙성 햇수와 냉각 여과를 하지 않는 논 칠 필터드 제조법, 그리고 원액에 물을 넣어 조정하지 않는 캐스크 스트랭스로 본래의 풍미를 잘 살려 풍부한 맛을 끌어낸 위스키입니다. 다크 카카오와 건포도, 프루트 로프(Fruit Loaf)의 복잡한 맛, 그리고 드라이한 여운이 있으니 꼭 스트레이트로 즐겨보세요.

이치로즈 몰트 더블 디스틸러리즈 2021 지치부×고마가타케
ICHIRO'S MALT DOUBLE DISTILLERIES 2021

산지 : 일본

도수 : 53%

더블 디스틸러리즈는 두 곳의 증류소를 의미하며, 이치로즈 몰트 더블 디스틸러리즈에서는 하뉴 증류소와 지치부 증류소의 몰트 원액을 블렌딩합니다. 논 칠 필터드 방식으로 하뉴의 셰리 통에서 오는 단맛, 지치부의 물참나무통에서 오는 선향 같은 향기가 퍼지는, 강렬한 풀 보디 위스키입니다.

키닌비 23년
KININVIE 23 YEARS OLD

산지 : 스코틀랜드

도수 : 42.6%

'키닌비 17년'과 마찬가지로 원액은 글렌피딕 제3공장에서 만들어집니다(그리고 제2공장에서는 발베니가 제조됩니다). 셰리 통과 버번 통에서 숙성된 덕분에 셰리 통에서 유래하는 단맛과 오크에서 오는 프루티함이 있고, 입맛은 가볍고 보리차와 같은 풍미가 있습니다. 스트레이트나 플로트로 맛보면 감귤계 향기가 활짝 피어올라요.

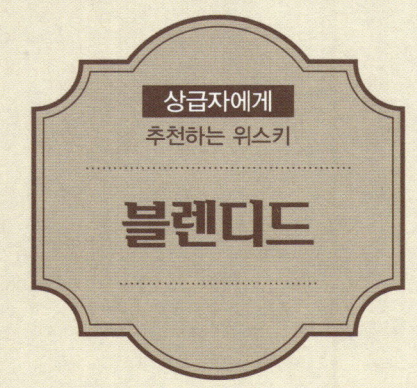

상급자에게 추천하는 위스키

블렌디드

베토벤이 연주하는 음악처럼 중후하면서도 섬세한 맛이 나지

조니 워커 킹 조지 5세
JOHN WALKER & SONS™ KING GEORGE V

산지 : 스코틀랜드
도수 : 43%

킹 조지는 조니 워커의 최고급품입니다. 1934년 영국 왕 조지 5세로부터 받은 영국 왕실 전용 업체 인증을 기념하여 제조되었습니다. 원액은 조지 5세의 통치 시대에 가동 중이었다고 하는 증류소 몰트가 사용된, 풍부한 풍미의 고급 위스키입니다. 물을 더하면 섬세함이 사라지니 꼭 스트레이트로 드세요.

커티삭 33년
CUTTY SARK 33 YEARS OLD

산지 : 스코틀랜드
도수 : 41.7%

30년 이상 숙성된 맥캘란이나 하이랜드 파크 등 몰트를 중심으로 블렌드된 최고급 커티삭. 벌꿀과 바닐라, 사과 등의 복잡한 향기에, 블랙 페퍼부터 파인애플, 아몬드 등의 맛이 확 퍼지면서 크리미한 여운이 오래갑니다. 알코올 도수는 낮은 편이어서 스트레이트를 추천합니다.

발렌타인 30년
BALLANTINE'S 30 YEARS OLD

산지 : 스코틀랜드
도수 : 40%

30년의 숙성을 거친 발렌타인은 알코올의 날카로움을 느끼지 않게 하는 순한 맛을 갖고 있답니다. '마법의 일곱 기둥(※)'이라고 불리는 키 몰트를 포함한 약 32종류의 몰트 원액과 5종류의 그레인 원액이 블렌드되었고, 셰리 통의 맛에 벌꿀과 바닐라가 겹쳐 스모키한 여운이 남습니다. 30년의 깊이는 스트레이트나 트와이스업으로 즐겨보세요.

(※) 주로 '아드벡', '스카파', '풀트니', '발블레어', '글렌카담', '글렌버기', '밀톤더프'가 해당하지만, 만들어진 연대에 따라 변경될 때도 있습니다.

로열 살루트 32년
ROYAL SALUTE THE UNION OF THE CROWNS 32 YEARS OLD

산지 : 스코틀랜드
도수 : 40%

32년 이상 장기 숙성을 거친 질 좋은 싱글 몰트 위스키와 희귀한 그레인 위스키를 엄선하여 블렌딩한 최고급 블렌디드 위스키입니다. 시럽에 절인 복숭아와 캐러멜 향과 함께 매끄러운 입맛, 그리고 오렌지와 잘 익은 서양 배의 풍미와 긴 여운이 남아요.

화이트 앤 맥케이 30년
WHITE & MACKAY 30 YEARS OLD

산지 : 스코틀랜드
도수 : 40%

약 35종류의 몰트를 블렌딩해서 숙성하고, 그 후에 그레인을 배합해서 다시 숙성하는 더블 메리지(double marriage) 제조법으로 매끄러운 입맛을 완성했습니다. 30년이라는 장기간 숙성으로 색과 향, 맛에 깊이를 더했고, 부드러운 단맛과 오래된 우디함이 기분 좋은 명품입니다.

히비키 30년
HIBIKI 30 YEARS OLD

산지 : 일본
도수 : 43%

30년 이상이라는 매우 오랜 기간 숙성된 몰트 원액과 마찬가지로 30년 이상의 그레인 원액을 엄선하여 정성껏 블렌딩한 위스키입니다. 화사한 향기에 매끄러운 입맛을 자랑하지요. 중후하고 깊은 맛과 우디한 느낌. 잘 익은 과일 같은 향기의 긴 여운. 생산 보틀 수가 한정적이어서 희소성 있는 위스키이므로 꼭 스트레이트로 맛보시길 바랍니다.

한 모금 마시면 큰북이 온몸을 울리는 듯한 충격을 느끼게 될 겁니다!

버번

포 로지스 플래티넘
FOUR ROSES SUPER PREMIUM

산지 : 미국

도수 : 43%

장기간 숙성시킨 원액만을 사용한 포 로 지스의 최고급품. 스탠더드한 포 로지스 보다 풍미가 더 복잡하고 향이 풍부합니 다. 깊은 맛에 크리미한 감촉. 여운도 길고 녹아내릴 것 같은 맛의 버번입니다. 풀 보 디의 맛과 오크의 향기로움, 중후하고 긴 여운을 즐길 수 있어요.

포 로지스의 일화처럼 멋진 시간을 즐길 수 있을 거예요

메이커스 마크 골드 톱
LIMITED EDITION MAKER'S MARK

산지 : 미국

도수 : 50.5%

계약 농가가 재배한 희귀한 품종의 겨울 밀이 부드럽고 섬세한 맛을 가져다주며, 석회석을 통과한 철분 적은 물이 순한 맛 을 자아냅니다. 6년 남짓의 숙성 기간에는 3년마다 나무통의 위치를 바꿔 숙성을 균 등하게 이끕니다. 순하면서도 풍미가 확실 한 버번으로, 버번 특유의 확 다가오는 느 낌은 없지만 고급스럽고 마시기 좋은 위 스키랍니다.

부커스
BOOKER'S

산지 : 미국

도수 : 63.65%

'짐 빔'의 빔 가문 6대째인 부커 노. 그가 가장 사랑한 위스키가 바로 '부커스'입니 다. 6~8년 숙성된 나무통에서 엄선된 원 액을 블렌딩. 물 추가나 여과 작업을 하지 않고 보틀링하여, 원액의 힘을 그대로 간 직합니다. 알코올 도수가 60도를 넘지만 마일드한 여운을 주는 게 특징입니다.

베리 올드 세인트 닉 20년
VERY OLD ST. NICK 20 YEARS OLD

산지 : 미국
도수 : 58%

버팔로 트레이스 증류소의 브랜드 중 하나. 겨우 세 명의 장인들의 수작업으로 정성껏 만들어지고 있어서 제조되는 병의 수가 적어 구입도 어려운 버번입니다. 높은 알코올 도수에 강렬한 매운맛이 있지만, 20년이라는 긴 장기 숙성을 거쳐 섬세하고 순한 느낌을 갖고 있어요. 그리고 입에 퍼지는 고급스러운 감칠맛은 마신 사람을 사로잡습니다. 장기 숙성의 깊이는 스트레이트나 온더록으로 맛보세요.

조지 티 스택
GEORGE T. STAGG

산지 : 미국
도수 : 71.5%

버번의 최고봉 '조지 티 스택'. 버팔로 트레이스 증류소에서 발매된 프리미엄 브랜드 중 하나입니다. 여름과 겨울의 온도 차가 큰 켄터키주에서는 드문 15년 장기 숙성. 알코올 도수는 제각각이지만 대략 70도 전후입니다. 그 매끄러운 입맛은 깊이와 감칠맛이 있으며, 혀 위에 가득 퍼지지요. 스트레이트로 우디한 여운을 즐겨보시길 바랍니다.

패피 밴 윙클 20년
PAPPY VAN WINKKLE FAMILY RESERVE 20 YEARS OLD

산지 : 미국
도수 : 45.2%

호밀은 사용하지 않고, 옥수수와 밀을 사용한 프리미엄 버번. 버번치고는 특이하게도 20년의 장기 숙성이 이루어졌으며, 브랜디와 같은 고급스러운 맛을 갖고 있습니다. 이것도 버팔로 트레이스 증류소의 브랜드입니다. 지금은 환상의 위스키라고 불리며, 그 향기는 풍성하면서도 매끄러운 달콤함을 자랑합니다. 스트레이트로 향기를 즐기면 좋아요.

별명은 '버번계의 로마네 콩티'. 쉽게 마시긴 어렵겠지만 언젠가는 꼭 맛보길 바라네

마치며

1985년 12월 5일, 저는 제 가게 'BAR-SA WA'를 오픈했습니다. 당시 저는 서른세 살이었어요. 아르바이트조차 한 번도 제대로 해 본 적 없고, 생활을 위해 빚까지 지면서 시작했습니다. 그리고 37년 동안 연말연시에도 쉬지 않고 연중무휴로 달려왔습니다. 저는 열다섯 살에 다카라즈카 음악학교에 수석으로 입학했고, 1등으로 졸업했습니다. 그 후에 다카라즈카 가극단에 입단하여 예술선장상(芸術選奨賞)을 받고, 최고의 성적으로 퇴단했습니다. 고(故) 이치카와 단주로 씨가 간사이 TV에서 「미야모토 무사시」를 연기하셨을 때, 저는 아케미 역으로 데뷔했습니다. 그 이후로, 쇼치쿠 연극부에 들어가 즐거운 연극 인생을 보내게 됐지요. 또한 주변의 반대를 무릅쓰고 사랑하는 남자와 결혼했습니다. 그 남편이 집에 생활비를 보태지 않아 어쩔 수 없이 시작한 것이 지금의 가게고요. 돌이켜보면 본가의 장사 일을 잇고 싶지 않아 다카라즈카에 들어간 건데 결국 저는 장사를 하게 됐습니다. 저는 지금까지 모두와 함께 '이야기'를 만들고 그 '무대' 위에서 사는 인생만 보냈습니다. 그런데 위스키 제조자들을 만났을 때 '그래, 이거야!' 하는 생각이 들었습니다. 예순이 넘어서 제조자들을 처음으로 만나, 그 이후로 제가 직접 위스키 세미나 'Red-rose'를 시작한 지 11년. 지금은 가게 이외에서도 다양한 일을

할 수 있게 됐습니다(이번에 하는 책 집필까지!).

오늘날, 위스키가 어느 증류소에도 여유가 없을 정도로 인기가 많다는 건 여러분이 제일 잘 알고 계실 겁니다. 저는 이런 위스키의 붐이 10년 전에 올 것이라는 예감이 들었습니다. 왜냐하면 해외로 나가 위스키를 제조하는 현지에 가 보면, 이런 흐름이 잘 느껴지기 때문이지요. 예를 들어서 벨기에의 오울(Owl)이라는 작은 증류소에 갔던 때의 일입니다. 오울은 단 네 명이 세운 증류소로, 농장을 개조하여 가마와 같은 작은 증류기가 있는 곳입니다. 1980년부터 시작한 곳인데, 제가 방문했던 당시 "9년이 걸려 드디어 단식 증류기를 샀어요!"라며 기쁨으로 활짝 웃는 직원들의 얼굴이 아직도 기억이 나요. 그리고 위스키 재고가 조금이라도 생기면 곧바로 디아지오(Diageo)에서 바로 사러 온다고도 했습니다.

솔직히 깜짝 놀랐습니다. 디아지오는 스코틀랜드에서만 해도 50곳 이상의 증류소를 가진 세계 최대규모의 위스키 업체니까요. 그런데 벨기에의 농장을 개조한 작은 증류소까지 찾아오다니! 이거 혹시 나중에 위스키 붐이 오는 게 아닐까. 지금까지 계속 내리막길이었던 위스키의 흐름이 바뀌는 게 아닐까 하는 생각이 들었습니다. 하지만 당시 일본은 위스키의 암흑시대와도 같았어요. 그러니 누가 당시에 지금과 같

은 상황을 예상했겠어요? 그러나 만사는 내려가면 올라가고, 올라가면 내려가는 법입니다. 저는 그게 이 세계의 섭리라고 봐요. 가장 중요한 것은 '진짜'를 볼 줄 아는 눈이지요. 그걸 기르기 위해 수많은 '진짜'를 진심으로 보고 듣고 해야 합니다(제조자가 진심으로 들려주는 이야기는 얼마나 훌륭한지!).

자화자찬 같은 말이 됐지만 제 위스키 세미나 'Red-rose'에서는 수많은 분이 강사를 맡아주셨고, 진짜 이야기를 들려주셨습니다. 산토리, 닛카, 기린 같은 업체와 상관없이, 베테랑이든 초보자든 모두 같은 무대에 서는 것이지요! 올해는 세계에서 제일의 예민한 후각을 가진 위스키 전문가 리처드 패터슨 씨를 초빙했습니다. 또한 유튜브에서는 'BAR SAWA' 채널에 「위스키 이야기」 총 11화를 업로드해 두었습니다. 위스키의 역사와 문화가 합쳐진 드라마를 재미있게 감상해 보세요.

마지막으로 이 자리를 빌려, 일본의 훌륭한 위스키 제조자들을 소개하고자 합니다.

우선 산토리에서는 고시미즈 세이치 씨와 후쿠요 신지 씨. 현재 치프 블렌더이신 후쿠요 씨는 마치 오케스트라 지휘자처럼 일을 해내시는 분입니다. 체격도 좋으시고, 다양한 위스키를 세심하게 분류할 줄 아는 일본 제일의 제조자시죠. 산토리에는 그보다 더 위로 마스터 블렌더이신 도리이 신

고 씨가 계십니다. 꼭 그분의 세미나 강연도 들어보고 싶습니다. 창업자이신 도리이 신지로 씨부터 사지 게이조 씨, 그리고 도리이 신고 씨까지 3대에 걸친 제조업체의 기쁨과 고통이 어우러진 이야기를 꼭 듣고 싶어요. 그리고 후배들에게 그 배턴을 전해 주시면 좋겠습니다!

닛카에는 사쿠마 씨, 오자키 씨 그리고 기린에는 다나카 쇼타 씨 외에 글렌의 사카구치 씨나 위스키 향 전문가 호소이 겐지 씨, 그리고 크래프트 분야의 아쿠토 이치로 씨.

그리고 저의 스승님이자 하쿠슈 증류소를 세우신 시마타니 유키오 씨. 시마타니 씨와 함께 세미나를 운영해 온 이 10년이라는 세월은 저의 보물과도 같습니다.

시대의 전환점인 오늘날, 새로운 증류소에서는 불포화된 성분을 제거하는 기술을 개발 및 활용하여, 흑효모를 사용해서 파이티하면서도 풋사과 같은 향이 나는 위스키를 만들어내고 있어요. 이는 실로 시공을 초월하는 획기적인 것입니다. 다시금 이런 제조자들에게 초점을 맞추게 해 준 유일무이한 세미나에 감사드립니다.

미력하지만 이 책을 통해 여러분께 그 감동을, 그리고 위스키의 즐거움과 훌륭함을 조금이라도 전할 수 있다면 기쁘겠습니다.

신타니 시게코

역자의 글

위스키의 매력을 향해 떠나는 첫걸음

영화나 드라마를 보면 등장인물들이 위스키 잔 속 얼음에 위스키를 따라 마시는 모습이 심심찮게 등장한다. 그 매력적인 분위기에 홀려 막상 위스키를 마시려 해도, 가격이나 어려운 상품명과 용어 때문에 다가가기 쉽지 않아 멀리하게 될 때가 종종 있다.

하지만 이는 위스키에 대한 이해가 부족하기에 생기는 현상이다. 음식의 맛은 그 음식 자체의 맛뿐만이 아니라 거기에 관련 지식도 어우러졌을 때 더 깊이 느낄 수 있다. 이 책은 바로 그런 위스키에 관한 기초적인 지식을 통해, 초보자들이 접하기 어려웠던 위스키의 지식 영역과 진정한 맛에 쉽고 재미있게 발을 들이게 해준다.

이 책은 위스키에 대한 매력을 접하고 첫걸음을 뗄 수 있는 입문서인 만큼, 저자의 위스키에 대한 방대한 지식과 깔끔한 설명을 쉽게 살펴볼 수 있다. 그리고 나서 독자들은 앞으로 세계 곳곳의 위스키 참맛을 스스로 찾아다니는 여행의 서막을 올리게 될 것이다.

김진아

만화로 보는 위스키의 기초
굿 위스키 타임

1판 1쇄 발행 2025년 6월 13일

저   자 | 신타니 시게코
역   자 | 김진아
발 행 인 | 김길수
발 행 처 | ㈜영진닷컴
주   소 | (08512) 서울특별시 금천구 디지털로9길 32
           갑을그레이트밸리 B동 10F
등   록 | 2007. 4. 27. 제16-4189호

ISBN 978-89-314-7261-5

YoungJin.com Y.
영진닷컴